*Questo volume è stato impresso
nel mese di agosto dell'anno 2007
presso Mondadori Printing S.p.A.
Stabilimento NSM - Cles (TN)*

Stampato in Italia - Printed in Italy

David Grossman

CON GLI OCCHI DEL NEMICO

Raccontare la pace in un paese in guerra

MONDADORI

Traduzioni di
Elena Loewenthal
(*Conoscere l'altro dall'interno, ovvero la voglia di essere Gisele;*
Meditazioni su una pace che sfugge)
e Alessandra Shomroni
(*L'arte di scrivere nelle tenebre della guerra;*
Il dovere di Israele è scegliere la pace)

www.librimondadori.it

ISBN 978-88-04-57006-6

© 2007 Arnoldo Mondadori Editore S.p.A., Milano
I edizione giugno 2007
II edizione agosto 2007

Indice

3   Conoscere l'altro dall'interno,
ovvero la voglia di essere Gisele

39   L'arte di scrivere nelle tenebre della guerra

55   Meditazioni su una pace che sfugge

99   Il dovere di Israele è scegliere la pace

Con gli occhi del nemico

Conoscere l'altro dall'interno, ovvero la voglia di essere Gisele

Se mi chiedeste di descrivere i caratteri che trasformano una persona in uno scrittore parlerei, per prima cosa, del potente impulso a creare delle storie; a organizzare entro il contesto di una trama quella realtà che non di rado risulta caotica e incomprensibile; a trovare in tutto ciò che accade i nessi evidenti e quelli occulti, capaci di dare un significato particolare; a evidenziare in ogni evento i tratti «avvincenti», e a farvi spiccare i «protagonisti».

Dal mio punto di vista, l'impulso a raccontare una storia, a inventare o ad attingere alla realtà, è quasi un istinto a sé, l'istinto narrativo: per determinate persone – alcune delle quali finiscono poi per diventare scrittori – questo istinto è potente e primario come ogni altro. La grande fortuna sta nel fatto che esso trova nel mondo l'istinto parallelo: quello di ascoltare storie.

Ha un che di toccante, questo bisogno di sentir narrare. Ogni tanto mi capita di trovarmi seduto su un palco a leggere una storia davanti a un pubblico. Di solito questo genere di eventi ha luogo la sera e l'uditorio, composto in gran parte da persone non più giovani, ha alle spalle una giornata di lavoro, e una vita non sempre facile. Ma quando alzo lo sguardo dai miei fogli, ho davanti agli occhi una scena strabiliante: nel giro di qualche minuto è come se tutti i presenti si fossero tolti di dosso la stanchezza, il nervosismo e la fatica; a volte sembrano spogliati anche del pessimismo, del malumore e delle paure; qualcosa di dolce e dimenticato affiora in quel momento sui loro volti, e per un istante si capta – si vede quasi – come erano da bambini.

(Forse è proprio questo il punto: c'è qualcosa di bambinesco – non di puerile, bensì di primario – nel bisogno di ascoltare una storia, non meno che nell'istinto di scrivere una storia.)

Ovviamente, fra le cose che trasformano una persona in uno scrittore menzionerei anche il desiderio di comprendere, attraverso la narrazione, il mondo e l'uomo, in tutti i suoi aspetti, contraddizioni e illusioni; e vi si può aggiungere anche l'aspirazione che lo scrittore nutre di conoscere se stesso, di dare voce a tutte le correnti che passano impetuose dentro di lui. Chi non ha in sé questo desiderio, questo impulso primario, è difficile che sia capace – sempre che lo voglia – di sostenere quell'immenso sforzo spirituale che lo scrivere comporta.

Oggi, però, vorrei parlare di un ulteriore movente dello scrivere. Esso è certamente legato, in un modo o nell'altro, a tutto quello che ho appena menzionato; dirò anche che, per quanto mi riguarda, è una motivazione che si va facendo sempre più forte a mano a mano che gli anni – quelli della vita e quelli del mestiere – aumentano, a mano a mano che cresce in me, è questo che scopro, la necessità dell'atto creativo, della scrittura in quanto stile di vita, in quanto mio modo di stare al mondo.

Il movente di cui parlo è l'aspirazione a rimuovere, volontariamente, ciò che mi difende dall'altro. L'aspirazione ad abbattere quella parete divisoria, per lo più invisibile, che separa me dal prossimo (chiunque egli sia), verso il quale provo un interesse fondamentale, profondo; l'aspirazione a espormi in tutto e per tutto, senza alcuna difesa, in quanto individuo e non soltanto scrittore, di fronte alla personalità e alla vita di un altro individuo, alla sua interiorità più segreta e autentica, primordiale.

Ma dinanzi a tale aspirazione si pone subito un grosso ostacolo: già, perché più osservo me stesso, più osservo l'umanità in generale, vicina e lontana, più giungo a una conclusione che a prima vista mi sorprende e mi delude, e che respingo immediatamente, dicendomi che è soltanto una regola infondata. Tuttavia, essa torna di continuo a insinuarsi dentro di me, in innumerevoli forme e sfumature, e perciò qui la espongo, ma voi siete assolutamente autorizzati a liquidarla e a dire che non ha nemmeno un grano di verità.

Ecco, ho l'impressione che sotto molti aspetti noi esseri umani – creature sociali per eccellenza, che tanto investiamo nel rapporto affettivo ed empatico con la nostra famiglia, i nostri amici, il nostro pubblico – siamo in realtà sulle difensive, asserragliati in modo assai efficace, non solo di fronte a un nemico: in un certo senso siamo sulle difensive – cioè difendiamo noi stessi – dal prossimo, chiunque esso sia. Dalla radiazione della sua interiorità dentro di noi, da ciò che la sua interiorità esige da noi e che si riversa incessantemente su di noi. Da quella cosa che qui chiamerò il caos che risiede dentro l'altro.

«L'inferno è l'altro» ha detto Jean-Paul Sartre, e forse proprio per questo, per la paura di quell'inferno che esiste nel prossimo, il sottile strato d'epidermide che ci avvolge, che separa noi dal prossimo, a volte è spesso e coriaceo come il muro di cinta di una fortezza, nella sua duplice funzione di confine e di ostacolo che separa.

CONOSCERE L'ALTRO DALL'INTERNO

Guardiamoci intorno per un momento. Non di rado si riscontra, anche in una coppia che vive insieme magari da decenni – una vita più o meno felice, fatta di reciproco amore e di buona spartizione dei ruoli come genitori e membri di una famiglia –, la presenza, istintiva e inconsapevole, di un tacito accordo (che esige, fra l'altro, una collaborazione sottile, limata!) i cui princìpi si riassumono così: meglio non conoscere il partner fino in fondo. Meglio non scoprire tutto quello che accade in lui. Non conoscere, non chiamare per nome, perché in tale contesto di rapporti coniugali questa «vicenda» interiore non trova posto; e anzi, potrebbe determinare una spaccatura, un collasso che nessuno dei due vuole.

«E ora capisco» scrive un uomo nel mio romanzo *Che tu sia per me il coltello*, un libro con cui ho avuto un intenso rapporto di coppia, «che il legame con mia moglie è così forte e definito da rendere impossibile introdurre un elemento nuovo e ingombrante (come me, per esempio...).»

Talvolta mi capita di guardare una coppia di lungo corso, ne conosco bene alcune, magari ne avete incontrate anche voi, qua e là; esercitando un po' la mente e la fantasia, me li immagino nel momento in cui sono diventati una coppia. Provo cioè a spogliarli delle scorze che sono il tempo, la stanchezza e la monotonia, a vederli giovani e freschi, nonché molto ingenui; e allora, a volte – nell'attimo della loro «fioritura» in quanto coppia –, riesco quasi a scorgerli mentre si accordano senza parole, e il subconscio dell'uno dialoga con quello dell'altra: sincronizzano in un batter d'occhio la prospettiva degli sguardi, così come faranno da quel momento per l'eternità, sancendo dunque in modo fulmineo un patto di vita articolato, strabiliante nella sua complessità e nei suoi sofisticati meccanismi; stabilendo anche, fra l'altro, che il loro amore l'avrà sempre vinta, a ogni costo. Eppure fissando quel costo: dovrà pure avere un prezzo il fatto che una persona si trattenga dal vedere quella che gli è più vicina da tutte le possibili prospettive, angolazioni e ombreggiature. Ha certamente un prezzo il fatto che tu stia traducendo per il tuo partner, e lui per te, solo una certa «zona psichica» circoscritta, concordata e delimitata.

Questo succede, ovviamente, anche tra genitori e figli, tra figli e genitori. A volte, soprattutto quando siamo molto giovani, non risulta facile guardare ai nostri genitori in una prospettiva che sia davvero ampia. Forse anche perché non ci fa comodo accettare il fatto che persino i nostri genitori abbiano «diritto» al loro personale caos interiore. Che persino mamma e papà abbiano non solo un'interiorità, ma – incredibile ma vero! – un loro «diritto alla psicologia»; che anche loro hanno avuto un padre e una madre, e anche a loro, chissà quando, sono capitate cose che hanno lasciato ferite, cicatrici, segni d'ustione.

Forse, la cosa che ci risulta più difficile è proprio esporci a quella tenebra, a quel caos che non di rado sentiamo nella psiche dei nostri figli, soprattutto quando sono piccoli e indifesi. È altresì difficile ammettere a noi stessi che anche dentro la loro delicata, intatta psiche possa aprirsi un abisso cupo da cui scaturiscono istinti, impulsi e stramberie per noi minacciosi. In veste di genitore posso testimoniare che il solo pensiero è insopportabile, forse proprio a causa del senso di colpa che suscita.

Tale parete divisoria fra le persone s'incontra anche tra amici, che peraltro possono essere i «migliori amici», gli amici del cuore. Non di rado, persino le amicizie più profonde, fedeli e durature risentono di questa sottile parete divisoria, di questo «non desiderio di sapere tutto», di questa forma di difesa, trasparente ma solida, di fronte alla tenebra invisibile che sta dentro il nostro migliore amico.

Ricordo un dialogo divertente, tragicomico, fra i due protagonisti di *Aspettando Godot*, Vladimir ed Estragon: «Ho fatto un sogno» dice uno. «Non raccontarmelo!» lo blocca subito l'altro. «E a chi posso raccontare i miei incubi più profondi, se non a te?» «Che restino intimi!»

Ripensandoci, la mancanza di disponibilità – o mancanza di coraggio? – a esporsi alla natura composita delle persone che ci sono vicine non deve sorprenderci più di tanto: l'esperienza di vita ci insegna che tantissime persone non hanno troppa fretta di scoprire nemmeno ciò che esiste dentro di loro.

Lo sforzo che facciamo per non scoprirci completamente con l'altro sarà poi così diverso da quello che compiamo – quasi inavvertitamente – per non cedere a tutti quei molti e variegati «Altri» riposti in ciascuno di noi? Per non smarrirci in tutte le alternative dell'esistenza e i richiami interiori e le deviazioni di percorso che abbiamo dentro di noi? Per preservare questi rigidi contesti interiori, il telaio in cui è contenuta – a volte imprigionata – la nostra multiforme ed erratica psiche?

Voglio aggiungere, per inciso, che non di rado mi trovo a constatare come la scrittura mi abbia insegnato quell'impegno formidabile, ininterrotto – per lo più per me in modo inconsapevole –, a non frantumarsi, a non perdersi di fronte alla mole di alternative, di personaggi e di potenziali esistenze, di tratti del carattere e di impulsi e istinti che agiscono dentro di me in modo occulto, latente, represso, e tuttavia in grado di attirarmi continuamente, in ogni direzione.

In noi esseri umani c'è una certa soggezione di fronte a ciò che accade veramente all'interno dell'altro. È la paura dinanzi a quel nucleo misterioso, non verbale, irriducibile, che sfugge a ogni possibile addomesticamento sociale, che non è dato edulcorare, raffinare, orientare; perché è istintivo, disinibito e caotico, tutto il contrario del politicamente corretto; trasognato e incubico, estremista e impudico, erotico e svergognato, perlomeno nei contesti dell'ordine sociale vigente fra persone «civili» (quale che sia il significato di questa parola); insano e a volte crudele, non di rado propriamente animale, nel bene e nel male. Ed è, se volete, il magma, quella materia primigenia incandescente che sobbolle nell'interiorità di ogni persona, e deriva dal fatto stesso di essere una persona, cioè un incrocio di così tante forze e istinti e aspirazioni e impulsi. È il magma che di solito, nelle persone lucide – anche le più impulsive –, si condensa e si «assesta» a contatto con l'aria, vale a dire con altri individui, con i confini della realtà, divenendo parte del tessuto sociale «normativo».

Secondo me, la scrittura, la scrittura narrativa, è – fra l'altro – un atto di protesta, di sfida e persino di ribellione contro questo impulso di paura. Contro la tentazione di rinchiudersi in se stessi, di erigere una barriera quasi impalpabile, amichevole e gentile, ma incredibilmente funzionale, fra me e gli altri, e fra me e me stesso.

Riassumendo: a mio avviso, l'impulso primario che innesca e muove la scrittura è il desiderio di inventare e raccontare una storia, e conoscere se stessi. Del resto, più scrivo e più mi rendo conto della forza di un secondo impulso, che collabora e completa il primo: il desiderio di conoscere il prossimo dall'interno, da dentro; il desiderio di superare quella soggezione di cui ho appena parlato e di tentare davvero di sentire che cosa significa essere un'altra persona. Riuscire a captare per un solo istante il filo incandescente che brucia dentro qualcun altro.

È qualcosa a cui forse non c'è modo di giungere diversamente. A volte siamo portati a pensare che nei momenti in cui ci fondiamo, anima e corpo fino allo spasimo, in un'altra persona arriviamo a conoscerla in un modo ineguagliabile. In ebraico biblico, per descrivere l'atto sessuale si usa addirittura la parola «conoscenza»: «E l'uomo conobbe la sua donna» sta scritto nella Genesi. Tuttavia, proprio in quei momenti culminanti dell'amore, se non siamo completamente presi da noi stessi o da un'intensa proiezione dei nostri desideri sul partner, di solito siamo rivolti a ciò che di più buono, bello, attraente e dolce si trova in lui. Non lo pensiamo in ogni suo aspetto, con i suoi chiaroscuri; in breve, non ci accorgiamo di tutto ciò che lo rende «altro» nel senso più profondo e pieno del termine.

Quando invece scriviamo dell'altro, chiunque egli sia, aspiriamo ad arrivare a una conoscenza che comprenda anche i suoi aspetti meno amabili, i più scostanti e minacciosi. I punti in cui la sua interiorità è frantumata, in cui la sua coscienza si sfalda. Quel crogiuolo di estremismo, istintività e natura animalesca che ho menzionato poc'anzi. Il punto da cui sgorga il magma, prima che si rapprenda. Prima che diventi parole.

Nel processo di scrittura, anche noi, in modo pressoché inevitabile, operiamo una «proiezione» della nostra psiche su quella dell'altro, di colui del quale stiamo scrivendo, e sebbene non di rado «usiamo» l'altro per raccontare di noi e per capire noi stessi, l'aspirazione di cui sto parlando ora, nella sua sostanza, va esattamente nella direzione opposta: osare affrancarsi dal vincolo dell'Io e riuscire ad arrivare al centro del prossimo in quanto altro, ed esprimere il prossimo nel suo esistere di per sé e per se stesso, in quanto mondo pieno dotato di una propria energia interiore e di una logica autonoma.

In altre parole, riusciamo per qualche istante a sbirciare – fors'anche a soffermarci – in quel posto che di solito è così arduo conoscere nel prossimo: il posto in cui si rivela il suo «crogiuolo», laddove si creano, nella nostra psiche, i sogni e gli incubi e i miraggi e gli orrori e gli aneliti, insieme a tutte quelle altre cose che ci rendono umani.

È curioso il fatto che proprio quando riesco, come talvolta mi capita, a vedere concretizzata questa aspirazione – a soffermarmi cioè nel «crogiuolo» del prossimo – in quel momento io scrittore non soltanto non nutro alcun senso di perdita della mia essenza o di annientamento del Sé dentro quel prossimo di cui ho scritto, ma arrivo anzi a una comprensione più nitida dell'«alterità dell'altro», delle differenze fra questo prossimo e me. Alla percezione acuta e imponente di qualcosa che potrebbe essere definito il «principio del prossimo».

E mi pare che quando noi leggiamo un libro scritto in questo modo, vale a dire dove lo scrittore è riuscito a raggiungere la meta ambita di conoscere l'altro dall'interno e, ciò malgrado, di rimanere se stesso, allora si desta in noi lettori un particolare senso di elevazione spirituale, di partecipazione a un momento raro di contatto con un segreto umano prezioso, come se ci trovassimo nel cuore di una profonda esperienza umana.

CONOSCERE L'ALTRO DALL'INTERNO

A tale sensazione se ne accompagna, come si sa, un'altra, non meno preziosa ed emozionante, di vera e propria intimità con la persona di cui parla il libro che stiamo leggendo, un senso di empatia profonda per questo personaggio e i suoi stimoli, anche se non concordiamo affatto con lui. Tutto ciò provoca in noi una sensazione in grado di creare un'affinità – a volte sorprendente, a volte ripugnante e minacciosa – fra noi e lui. E così, anche quando si tratta di figure che ci ispirano riprovazione se non sdegno e ripulsa, ebbene, nemmeno questi due impulsi riescono a creare in noi, in quel momento, una totale estraneità nei confronti di quel personaggio, a erigere un muro fra noi e lui, a farci provare per lui un disprezzo inflessibile, aspro oltremisura, e fors'anche impietoso. Non di rado, allora, sentiamo che solo per miracolo, solo per puro caso abbiamo evitato di trovarci nei panni di quel detestabile personaggio, e che la possibilità di diventare lui ancora esiste e sobbolle dentro di noi.

Quando scriviamo dell'altro, non dobbiamo trovarci solo nella sua psiche, ma anche dentro la sua pelle, nel suo corpo, con i suoi limiti e i suoi difetti, la sua bellezza e la sua bruttezza.

A questo proposito vorrei raccontare una piccola storia.

Anni fa uscì in Israele il mio libro *Vedi alla voce:*

amore. Qualche settimane dopo, una sera, mi trovavo sull'autobus in servizio da Tel Aviv a Gerusalemme, e insieme a tutti gli altri passeggeri stavo ascoltando il giornale radio. Quand'ecco che, all'«angolo della cultura» (la cultura, come è noto, ha sempre da essere spinta in qualche «angolo» perché non sia mai che si monti la testa e invada, per carità, le notizie che contano veramente), un attore lesse un brano del mio libro in cui si descrive Gisele, la mamma del piccolo Momik, seduta a lavorare alla macchina da cucire, la famosa «Singer», e il suo piede va su e giù sul pedalino che le ha montato lo zio Shimek...

In quel preciso momento l'autista dell'autobus, che evidentemente non riusciva più a sopportare la triste atmosfera del racconto, girò la manopola della radio spostando tutti noi su una stazione più allegra che trasmetteva musichetta israeliana. Immagino che gran parte dei passeggeri abbia tirato un sospiro di sollievo. Io, però, rimasi con l'angoscia, un po' per l'umiliazione personale subita da me e dal mio libro, e un po' perché, tutt'a un tratto, non avevo capito di quale pedalino parlasse il brano: che cos'era mai questo pedale che zio Shimek aveva montato? La Singer che ricordavo io aveva un comodo pedale di metallo, e io non sono tipo da infilare arnesi e macchinari nelle mie storie così, senza motivo. In breve, non riuscivo a capire che cosa mi avesse portato, mentre scrivevo, ad aggiungere quell'accessorio.

Non ebbi più pace per tutto il resto del viaggio. Giunto finalmente a casa, corsi ad aprire il libro e trovai il brano in questione. In effetti, proprio nel seguito della frase che sull'autobus era stata interrotta, scoprii che il piede di Gisele non arrivava al pedale originale della Singer, e in un altro punto del libro scoprii un ulteriore dettaglio, che chissà come mai m'ero totalmente scordato: che Gisele era molto bassa di statura.

Ricordo la gioia che mi prese in quel momento. Improvvisamente avevo capito una cosa semplice ma profonda della scrittura. Già, tutte le volte che in casa mia c'è una persiana rotta, o la maniglia di una porta che deve essere riparata, trascorrono intere settimane prima che trovi un momento per dedicarmici. Mia moglie deve rammentarmelo spesso, io lascio bigliettini e memorandum un po' dappertutto (badando bene a dimenticarmeli subito) e alla fine, quando non ci sono più alternative, quando le proteste dei familiari si fanno minacciose, allora, in quanto anello debole, cioè padre di famiglia, mi tocca arrendermi e riparare il guasto.

Ma quando sto lavorando a un libro e nella storia compare una Gisele qualunque, bassa e grassa, mentre scrivo a poco a poco divento lei. Anche se è una figura marginale, anche se ci passa solo per qualche pagina, io devo, voglio, desidero ardentemente essere Gisele.

Mentre scrivo Gisele, cammino come lei e mangio come lei e mi rigiro nel letto proprio come Gisele, che fa brutti sogni. Corro faticosamente dietro all'autobus come lei, misuro ogni distanza secondo le sue gambe tozze, strette nelle bende. E quando metto la mia Gisele alla sua macchina da cucire, allora quel pedalino aggiuntivo viene quasi da sé, per aiutarla, perché altrimenti non potrebbe arrivare al pedale di fabbrica.

So bene che se non avessi aggiunto quell'accessorio alla storia gran parte dei lettori non si sarebbero accorti della sua mancanza, leggendo la descrizione di Gisele seduta alla macchina da cucire. Anzi, dico di più: nemmeno io, se avessi letto quel brano qualche tempo dopo, avrei detto che mancava qualcosa.

E tuttavia, sì, qualcosa sarebbe mancato. Un minuscolo vuoto, grande come un pedalino, si sarebbe aperto nel libro. Il piede della povera Gisele sarebbe rimasto per sempre sospeso sopra il pedale della Singer, senza mai riuscire a far girare la ruota della macchina; e con tutta probabilità si sarebbero creati nel libro altri minuscoli vuoti di questo genere, che sommessamente, come di nascosto, avrebbero finito per accumularsi uno sull'altro, generando nell'animo del lettore una fastidiosa sensazione di vuotezza, un vago sospetto di trascuratezza da parte dello scrittore, persino di abuso di fiducia.

Se invece chi scrive si permette di diventare Gisele, nell'anima così come nel corpo; se accoglie l'invito prezioso, mirabile, a diventare Gisele, allora il pedalino aggiuntivo così come mille e più sensazioni e dettagli e altri accessori reali che egli darà ai personaggi di cui scrive, verranno come da sé.

È questo un processo che resta in gran parte inconsapevole per lo scrittore, affatto istintivo, proprio come quando l'albero fa i frutti. Ma quando si verifica, allora lo scrittore può dare a Gisele – quasi senza pensarci – il pedalino aggiuntivo, così il suo piede arriva al pedale della macchina, lei può azionarla, il pedale aziona la grande ruota sul fianco, la ruota gira, e la ruota della storia si muove insieme ad essa, e tutto quel fragile e un po' sgangherato mondo creato dall'innesto tra fantasia, realtà e caratteri stampati sulla pagina comincia a girare, sicuro e completo.

Quando sto creando un personaggio, voglio sapere e sentire ed esperire il più possibile del suo carattere, della sua interiorità, nonché di cose cui è difficile dare un nome: per esempio, il tono – la «tensione muscolare» – del corpo e quello della psiche; in altre parole, la dose di vitalità e presenza e prontezza della sua esistenza fisica e mentale. La velocità di pensiero, il ritmo della parlata, la durata delle pause fra una parola e l'altra, mentre parla. Il suono della risata. La ruvidezza della pelle. La consistenza dei capelli. La posizione preferita, in amore e nel sonno.

Ovviamente, non tutto finirà per entrare nel libro. È sempre preferibile che solo la punta dell'iceberg, un decimo di quel che lo scrittore sa dei suoi personaggi, vi compaia. Ma lo scrittore, per parte sua, deve sapere e conoscere e sentire anche quei nove decimi che restano sommersi. Perché, senza tutto ciò, quel che affiora non avrebbe credibilità. Se invece tutto ciò esiste nella coscienza dello scrittore, allora si riflette continuamente, attestando la veridicità del racconto visibile a occhio nudo, fungendo insomma da cassa di risonanza e fondamento, conferendo al libro, nella coscienza del lettore, un'esistenza completa.

Posso testimoniare che quando giungo a tale consapevolezza dell'altro dall'interno – purtroppo non mi succede sempre, non con tutti i personaggi, sarebbe troppo bello –, quando giungo a quel punto nella storia che sto scrivendo, allora vivo uno dei più grandi piaceri che la scrittura possa regalare: la facoltà di permettere ai miei personaggi di essere se stessi, dentro di me. Lo scrittore diventa allora lo spazio in cui i suoi personaggi possono realizzare caratteristiche e aspirazioni e azioni, impulsi e cose folli, devianti e sante, di cui lo scrittore non sarebbe capace – perché lui è quella certa persona (cioè con un «termine», un confine e delle limitazioni), e perché quelle caratteristiche, quelle aspirazioni e quelle azioni lo minacciano o in un certo senso lo contraddicono, talvolta quasi lo «confutano».

Che miracolo, quale felicità, quale dolce ricompensa sono tali momenti, quando durante il lavoro di scrittura per un determinato personaggio lo scrittore viene da questi riscritto: e cioè, una sfumatura ignota del suo carattere, rimasta muta, latente, repressa, gli si formula tutt'a un tratto, viene «riscattata» da uno dei suoi personaggi, «viene alla luce» nel senso letterale dell'espressione.

Per esperienza so quanto sia magnifico il momento in cui un personaggio che ho scritto mi prende così alla sprovvista, mi tradisce persino, cioè agisce in contrasto con la mia coscienza e con il mio carattere e con le mie paure, al di là dei miei orizzonti. La sensazione di quei momenti è un miscuglio di piacere fisico e psichico fuori del comune: come se qualcosa di potente, e a me non familiare, risalisse da dentro di me, insieme a me, costringendomi a volare fuori dalla mia pelle.

Qui giungiamo a una questione ulteriore che si dipana da quanto ho appena detto, che vi è strettamente legata. Vorrei dire infatti qualche parola sul senso della scrittura letteraria per chi, come noi, vive ormai da un secolo in una regione che, senza tema di smentite, si può definire «disgraziata».

Lo dico sin d'ora: non intendo parlare di politica in senso stretto e riduttivo, ma dei processi intimi e profondi che avvengono dentro chi vive in una regione come questa. E del ruolo della letteratura e della scrittura in un clima catastrofico come il nostro.

Vivere in una regione disgraziata significa, prima di tutto, essere contratti, tanto fisicamente quanto mentalmente. I muscoli del corpo e della psiche sono tesi, sempre un po' contratti, pronti ad assorbire il colpo ma anche a balzare via in fuga. Chiunque viva in una situazione del genere lo sa bene: non solo il corpo, anche la psiche si concentra, si prepara per il boato della prossima esplosione o per la prossima edizione del notiziario. «Colui che ride probabilmente non ha ancora ricevuto la terribile notizia» ha scritto Bertolt Brecht – anche lui esperto cittadino di una regione disgraziata – nella poesia *A quelli nati do-*

po di noi. Già, quando vivi in una zona di tragica emergenza, scopri che sei sempre sul chivalà. Sei sempre pronto e teso con tutto te stesso al dolore che verrà, al prossimo scoramento.

Difficile dire quando comincia esattamente la crudele metamorfosi: da quando, insomma, non ha più senso chiedersi se il dolore e lo scoramento verranno o meno, visto che comunque ci sei già dentro anche se tutto per il momento rimane ancora nell'ambito del possibile. In sostanza, tu già crei tutto dentro di te. Stabilisci ormai una normalità di vita già tutta impregnata di disperazione, a causa della perenne paura di questa disperazione. E non ti accorgi nemmeno più quanto la tua vita, come quella di tutti gli altri, scorra per lo più dentro la paura della paura, quanto il terrore distorca ormai il tuo carattere, quanto ti rubi la gioia di vivere e il senso della vita.

Così, se è vera quella sensazione di pancia secondo cui in una situazione di minaccia come questa «chi sente di più, soffre di più», allora a questo stadio la cosa si traduce più o meno così: «Chi sente, soffre», punto e basta. In altre parole, il timore costante – e assai fondato – di una lesione, della morte o di una perdita insopportabile fa sì che ciascuno di noi riduca la propria vitalità, la propria tonalità interiore, spirituale e di coscienza.

Per favore, non venitemi a dire che la vita qui è più o meno normale o sopportabile, che ormai dovremmo aver fatto il callo a guerre frequenti e cicliche, che dovremmo aver imparato a cogliere il meglio dell'esistenza anche in un così crudele contesto. Non ci si può abituare veramente a una situazione tanto distorta, se non pagando un caro prezzo. Il prezzo più caro che ci sia: il prezzo della vitalità stessa, dei sentimenti, della natura umana. La curiosità, la libertà d'opinione. Il prezzo della paura e del ritegno a porsi in modo pieno e lucido davanti al prossimo: non solo davanti al nemico, ma davanti a qualunque prossimo.

Quando dico ciò, ho paura che dopo decenni in cui abbiamo concentrato gran parte della nostra forza e del nostro sangue, delle risorse intellettuali, dell'attenzione e del talento inventivo sui nostri confini esterni, per difenderli, per corazzarli sempre più, dopo tutto ciò noi, forse, stiamo per diventare come un'armatura dentro la quale forse non c'è più nessun cavaliere, nessuna persona.

Torniamo per un attimo alla letteratura, cioè al processo esattamente opposto a quello che ho descritto sin qui: con la scrittura letteraria facciamo di tutto per riscattare ogni nostro personaggio dall'estraneità, dalla banalità, dalla morsa dello stereotipo e del pregiudizio. Quando scriviamo una storia, lottiamo – a volte per anni – per comprendere ogni aspetto di una sola figura umana: le sue contraddizioni interiori, i suoi impulsi e le sue inibizioni, quel magma incandescente di cui ho parlato prima.

Ha qualcosa di dolce, quasi di materno, il modo in cui uno scrittore è teso con tutti i suoi sensi, la sua coscienza e il suo subconscio, mentre sogna e mentre è sveglio, a ogni alito di sentimento, a ogni sensazione che passa nell'animo del personaggio che è intento a creare. Sì, ha qualcosa di nudo, esposto e scabroso questa disponibilità dello scrittore a votarsi senza alcuna difesa all'interiorità del personaggio di cui sta scrivendo, stavo per dire con cui si isola.

Perché scrivere un romanzo significa – in larga misura – essere totalmente responsabili di qualche decina di personaggi. Che nessuno si offrirebbe di scrivere per noi, nessuno rianimerebbe a ogni istante. A volte paragono questa situazione a quella di qualcuno che tiene nascosta una famiglia enorme, decine di persone, nella cantina di casa in tempo di guerra. Quest'uomo dovrà scendere almeno una volta al giorno in cantina per portare cibo e acqua ai clandestini. Ogni tanto gli converrà far quattro chiacchiere con loro sulla situazione lì sotto, provare a calmare le tensioni, offrire soluzione pratiche ai problemi del momento. Farebbe anche bene a raccontare loro quel che accade nel mondo, ad ascoltare le loro storie e i loro ricordi, a rammentare loro tutto quello che resta ancora da sognare, da rimpiangere, affinché dimentichino per un momento la fossa soffocante in cui si trovano.

E allora, dopo aver fatto tutte queste cose buone, anzi sublimi, gli toccherà pure prendere i loro vasi da notte, per andare a svuotarli. Soltanto lui è in grado di svolgere queste mansioni per loro, nessuno potrebbe farlo al posto suo.

Tale è lo scrittore per i suoi personaggi: con tutto se stesso, con tutta l'energia del suo talento e la sua capacità d'immedesimazione, dovrà dare piena concretezza al loro spazio in tutte le tonalità dell'esistenza umana, nello spettro che va dalla sfera spirituale più elevata alle incombenze più corporee. Dovrà insomma essere con tutto se stesso in ascolto dei loro bisogni, degli uni così come degli altri. Dovrà votarsi a loro, in modo totale.

Se c'è una cosa che vorrei sperare che politici e uomini di governo possano prima o poi imparare dalla letteratura, è proprio questo modo di votarsi a una situazione, e alle persone che vi sono intrappolate (in fondo, politici e uomini di governo sono responsabili in misura non irrilevante delle trappole che si sono create, nonché della pesante situazione di chi vi è rinchiuso!). E quand'anche non fossero propriamente capaci di «votarsi», per parte nostra potremmo almeno pretendere da loro quella capacità di ascolto, quel modo di porgersi, che servono più di qualunque altra cosa per resuscitare la persona dentro l'armatura.

Chi assume questo atteggiamento di ascolto e attenzione si impegna in sostanza a tenere sempre presente un fatto semplice, banale, che però risulta così facile da dimenticare, da rimuovere: il fatto, cioè, che dentro quell'armatura c'è una persona. Dentro la nostra armatura e anche dentro quella del nostro nemico. Così come dietro la corazza della paura, dell'indifferenza, dell'odio, dietro la contrazione della psiche, dietro tutto ciò che è andato spegnendosi in ognuno di noi in questi anni difficili, dietro tutti i muri difensivi, i posti di blocco e le torri di guardia c'è sempre una persona.

Infatti, la natura e la sostanza della condizione violenta è il desiderio di provare a rendere le persone senza volto, a trasformarle in una massa indistinta e priva di volontà. Guerre, eserciti, regimi totalitari e religioni fondamentaliste tentano continuamente di cancellare quelle sfumature che creano l'individualità, la peculiarità di ciascuno, il miracolo irripetibile che ogni individuo rappresenta, cercando di trasformare le persone in un gruppo, in una massa, decisamente più congeniale ai loro scopi e alla situazione.

La letteratura – non tanto in termini di questo o quel libro, quanto piuttosto nel tipo di ascolto che la vera letteratura suscita – ci rammenta il nostro dovere di pretendere per noi stessi – nella stretta della «situazione» – il diritto all'individualità, alla specificità. Ci aiuta a restituire a noi stessi una parte di quelle cose che questa «situazione» cerca continuamente di sottrarci, di zittire: una considerazione pacata, gentile, della persona intrappolata nel conflitto, sia con noi sia contro di noi; le sfumature composite dei rapporti fra persone e fra gruppi diversi; la precisione nelle parole e nelle descrizioni; l'elasticità di pensiero; la capacità e il coraggio di cambiare, ogni tanto, la prospettiva su cui siamo bloccati (a volte proprio fossilizzati). La consapevolezza profonda e vitale che è possibile – anzi doveroso – leggere qualunque situazione umana sotto diversi punti di vista.

Allora potremo forse arrivare in quel luogo in cui è ammesso che esistano insieme – senza cancellarsi a vicenda, senza negarsi l'una al cospetto dell'altra – le storie assolutamente antitetiche di persone diverse, popoli diversi, e persino di nemici giurati. Solo se raggiungeremo quel luogo – e solo se lo raggiungerà anche il nemico – riusciremo alla fine a comprendere che in una vera trattativa politica le nostre aspettative dovranno inevitabilmente incontrare quelle del nemico, e ammetterne le ragioni, la legittimità, essendo esse legittime e ragionevoli. In quel momento sentiremo tutti – cioè le multiformi parti in causa – quelle dolorose «doglie» della crescita che si accompagnano sempre a ogni sviluppo, alla consapevolezza che la nostra facoltà di foggiare da soli la realtà in modo tale che sia perfettamente congeniale ai nostri bisogni, e soltanto a essi, ha un limite.

In quel momento avvertiremo e capiremo veramente quel che prima ho definito il principio del prossimo, il cui significato profondo, se volete, è il diritto del prossimo all'esistenza (all'esistenza e alla storia, così come il diritto alle sofferenze e alle speranze). È come l'esclamazione di Archimede: solo arrivandoci, potremo cominciare a rimuovere gli ostacoli e le schegge che ci impediscono di risolvere il conflitto.

Perché, quando abbiamo conosciuto l'altro dall'interno – anche se l'altro in questione è il nostro nemico –, da quel momento non potremo più essere completamente indifferenti a lui. Qualcosa dentro di noi sarà debitrice a lui o, quantomeno, alla sua complessità. Ci risulterà difficile rinnegarlo del tutto. Fare come se fosse una «non persona». Non potremo più rifuggire, con la solita e per noi ormai banale facilità, dalla sua sofferenza, dalla sua ragione, dalla sua storia. E forse diventeremo anche più indulgenti con i suoi errori. Anche questi, infatti, li interpreteremo come una parte della sua tragedia. Qualora, poi, ci restassero un po' di energia e di magnanimità, potremmo persino creare una situazione in cui sia più facile anche per il nostro nemico sfuggire alle proprie trappole interiori, e avremmo anche noi qualcosa da guadagnare.

Scrivere del nemico significa prima di tutto pensare al nemico. Cosa cui è ovviamente tenuto chiunque abbia un nemico, anche se si ha perfettamente chiaro di essere dalla parte della ragione, anche se si è sicuri della cattiveria, della crudeltà e dell'errore di quel nemico. Pensare (o scrivere) il nemico non significa in alcun modo giustificarlo. Non posso nemmeno immaginare, per esempio, di scrivere sul personaggio di un nazista e trovarmi a giustificarlo, benché abbia sentito l'impulso – persino il dovere – di mettere in *Vedi alla voce: amore* un ufficiale nazista, per poter capire come un uomo comune e normale abbia potuto trasformarsi in un nazista, giustificare a se stesso quel che fa e quel che passa, facendo ciò che fa.

A questo proposito sono belle le parole di Sartre contenute nel suo esemplare saggio *Perché si scrive?*: «Nessuno avanzerebbe mai l'ipotesi che si possa scrivere un buon romanzo facendo l'elogio dell'antisemitismo. Perché non si può esigere da me, nel momento in cui provo che la mia libertà è indissolubilmente legata a quella di tutti gli altri uomini, che usi questa libertà per approvare l'asservimento di alcuni di questi uomini. Così lo scrittore, sia saggista, libellista, satirico o romanziere, sia che parli soltanto delle passioni individuali oppure prenda di mira il regime sociale, in quanto uomo libero che si rivolge a uomini liberi, ha un solo tema: la libertà».

Sartre è un po' ingenuo quando scrive che «nessuno potrebbe mai pensare, foss'anche per un solo istante, che sia ammissibile scrivere in favore dell'antisemitismo»: libri in proposito ne sono stati scritti eccome, e tutto fa pensare che se ne scriveranno ancora. Ma egli ha perfettamente ragione quando parla dell'unico argomento che sta alla base dello scrivere, che è l'anima stessa dell'opera letteraria: la libertà. La libertà di pensare diversamente, di guardare in modo nuovo a situazioni e persone, anche se sono i nostri nemici.

Pensare il nemico, dunque. Pensarlo con rispetto e profonda attenzione. Non solo odiarlo o temerlo. Pensarlo come una persona, una società o un popolo, distinti da noi e dalle nostre paure, dalle nostre speranze, dalle nostre fedi e prospettive, dai nostri interessi e dalle nostre ferite.

Permettere al nemico di essere «prossimo» – foss'anche per un solo momento – con tutto ciò che questo comporta. Potrebbe risultare utile anche dal punto di vista della condotta bellica, dell'acquisizione di informazioni essenziali, questo principio del «conoscere il nemico dall'interno», ma può servirci anche per cambiare la realtà, cosicché questo nemico cessi gradualmente di essere tale per noi.

Voglio chiarire che non sto affatto invitando ad «amare il nemico». A tale proposito non posso dire di essere stato dotato di una così nobile longanimità (che considero sempre un po' sospetta, peraltro, quando mi capita di incontrarla negli altri). Per parte mia, intendo unicamente lo sforzo di tentare di capire il nemico, i suoi impulsi, la sua logica interiore, la sua visione del mondo, la storia che narra a se stesso.

Ovviamente non è una cosa facile né semplice quella di leggere la realtà attraverso gli occhi del nemico. È spaventosamente difficile rinunciare ai nostri sofisticati meccanismi di difesa, esporci ai sentimenti vissuti dal nemico nel conflitto con noi, nella lotta contro di noi, a ciò che prova nei nostri confronti. È un'ardua sfida alla nostra fiducia in noi stessi e nelle nostre ragioni. Contiene il rischio di sconvolgere la «versione ufficiale», che è per lo più anche l'unica lecita, «legittima», che un popolo disorientato, un popolo in guerra, racconta costantemente a se stesso.

Anche se forse si potrebbe capovolgere quest'ultima affermazione e dire che non di rado un popolo si trova in uno stato di conflittualità permanente proprio perché è invischiato in una determinata «versione ufficiale»...

C'è un altro evidente aspetto positivo in questo sforzo di guardare la realtà attraverso gli occhi del nemico.

Perché il nemico vede in noi, il popolo che gli sta di fronte, le cose che ogni popolo attribuisce sempre al nemico: la crudeltà, la violenza, la brutalità, il sadismo, la presunzione, l'autocommiserazione, l'ambiguità morale. Non di rado non ci accorgiamo di quel che «trasmettiamo» al nemico, e di conseguenza anche agli altri che non sono nemici e, alla fin fine, a noi stessi.

Non di rado diciamo a noi stessi che adottiamo metodi rigidi, che ci comportiamo in modo violento e brutale solo ed esclusivamente perché siamo impantanati in una guerra, e quando questa sarà finita smetteremo immediatamente di fare così e torneremo a essere quella società e quel popolo morali, nobili, che eravamo prima.

Può anche darsi, però, che proprio il nemico, colui verso il quale attiviamo quei meccanismi di ostilità e violenza, colui che ne è divenuto la vittima, stia avvertendo molto prima di noi quanto questi meccanismi siano già diventati parte integrante del nostro presente di popolo e società. Quanto si siano ormai insinuati nelle nostre configurazioni interiori. E può anche darsi che proprio questo capovolgimento di prospettiva, il fatto ciò di vederci con gli occhi del popolo per il quale rappresentiamo i conquistatori, per esempio, possa risvegliare in noi le sirene d'allarme: dandoci modo di capire, e per tempo, il nostro inganno, il danno subìto e la nostra cecità. Imparando così da cosa dobbiamo metterci in salvo, e quanto è vitale per noi stessi l'urgenza di cambiare radicalmente la situazione.

Perché, quando riusciamo a leggere il testo della realtà con gli occhi del nemico, allora quella realtà in cui noi e il nostro nemico viviamo e agiamo diventa improvvisamente più complessa, più realistica; possiamo riprenderci parti che avevamo espunto dal nostro quadro del mondo. Da questo momento, la realtà non è più soltanto il riflesso delle nostre paure e delle nostre recondite aspirazioni, delle nostre chimere e della nostra ragione inappellabile: ora diventiamo capaci di vedere anche la storia dell'altro, attraverso i suoi occhi; sperimentiamo un contatto più sano e incisivo con i fatti. Aumentano così le nostre probabilità di evitare errori fatali, e diminuiscono quelle di incorrere in una visione egocentrica, chiusa e limitata.

Così possiamo anche cogliere – in un modo che prima non potevamo permetterci – il fatto che quello stesso nemico mitico, minaccioso e demoniaco non è altro che un insieme di persone spaventate, tormentate e disperate quanto noi. Questa scoperta, secondo me, è l'inizio necessario di un lungo processo di risveglio e di conciliazione.

Queste sono, in breve, alcune delle qualità che la letteratura può regalare a politici e uomini di governo, ma anche a tutti coloro che si confrontano con una realtà arbitraria e violenta. Questi pensieri potranno sembrare sconclusionati e «astratti» a fronte del frastuono della guerra e della distruzione che abbiamo intorno, ma questi stessi princìpi sono determinanti e decisivi anche quando si scrive un romanzo, nei rapporti interpersonali, nel contesto di qualunque politica, sia essa di pace o di guerra.

Questo modo di rapportarsi a noi stessi, al nemico, al conflitto in sé, alla nostra vita dentro il conflitto, questo modo di rapportarsi che può essere definito in termini generali come «confronto letterario», rappresenta secondo me, più di ogni altra cosa, un atto di rinnovata autodefinizione in quanto persone, nel contesto di una situazione la cui sostanza e i cui metodi sono nel complesso disumanizzanti. Questo tipo di atteggiamento potrebbe anche restituirci quel qualcosa della nostra umanità che ci è stato sottratto con un processo rapido e cruento, di cui non sempre avvertiamo la gravità. Attenersi con determinazione a una prospettiva come questa potrà anche, con lenta gradualità, condurci sulla via di un vero dialogo con i nostri nemici; un dialogo che porti, ce lo auguriamo, a una vera intesa. Alla pace.

L'arte di scrivere nelle tenebre della guerra

«La nostra personale felicità o infelicità, la nostra condizione terrena, ha una grande importanza nei confronti di quello che scriviamo.» Così dice Natalia Ginzburg nel suo libro *È difficile parlare di sé*, nel capitolo in cui parla della sua vita e del suo rapporto con la scrittura dopo una tragedia personale. Non è facile parlare di sé. Perciò, prima che io dica cosa significhi per me scrivere ora, in questo momento della mia vita, vorrei parlare di come una situazione traumatica, una sventura, possa influire su una società o un popolo.

E subito mi vengono in mente le parole del topo nella *Piccola favola* di Kafka. Prima di cadere nella trappola, mentre il gatto lo attende in agguato, il topo dice: «Ahimè, il mondo diventa ogni giorno più angusto». E in effetti, dopo tanti anni passati in una realtà estrema e violenta di conflitto politico, militare e religioso, posso affermare con rammarico che il topo di Kafka ha ragione: il mondo diventa davvero più angusto, si fa più piccolo di giorno in giorno. E posso anche raccontare del vuoto che si crea lentamente tra l'uomo, l'individuo, e la condizione violenta e caotica entro la quale egli vive. Una condizione che detta quasi ogni aspetto della sua vita.

Ma questo vuoto non rimane mai tale, si riempie velocemente di apatia, di cinismo e, soprattutto, di disperazione. È la disperazione il carburante che permette alle situazioni distorte di rimanere immutate a volte per anni, persino per generazioni. È la disperazione a impedire che un giorno le cose possano cambiare, che ci sia una redenzione. E la disperazione più profonda è quella nei confronti dell'uomo, ovvero nei confronti di ciò che questa situazione distorta rivela, in fin dei conti, di ognuno di noi.

Mi rendo conto di quanto sia alto il prezzo che io, e la gente che conosco e vedo intorno a me, stiamo pagando a causa di questo stato di conflitto permanente. Noto quanto si stia riducendo la parte dell'anima a contatto con il mondo esterno, violento e minaccioso. Avverto la limitata capacità – e disponibilità – a identificarsi, anche solo un poco, con la sofferenza degli altri. Constato la sospensione del giudizio morale, la rinuncia alla possibilità di capire cosa io pensi veramente in una situazione tanto spaventosa e ambigua e complessa, dal punto di vista sia morale che pratico. Sicché, forse, sarebbe meglio non pensare, non sapere, affidare il compito di pensare, di agire e di stabilire norme morali a chi certamente «ne sa più di me».

Ma, soprattutto, sarebbe opportuno non provare troppe sensazioni. Almeno finché le cose non miglioreranno e, se non miglioreranno, avrò comunque sofferto un po' meno, avrò sviluppato un'ottusità funzionale, mi sarò protetto, per quanto possibile, con il distacco, la capacità di rimozione, la cecità voluta. In altre parole, a causa del timore costante, e molto concreto, di rimanere ferito, di morire, di perdere una persona cara, o anche solo di subire «una dura umiliazione», ciascuno di noi – cittadini del conflitto, prigionieri del conflitto – smorza la propria vitalità, il proprio battito emotivo, la propria coscienza, e si circonda di una serie di barriere difensive sino a rimanerne soffocato.

Il topo di Kafka aveva ragione: quando il predatore è in agguato, il mondo, in effetti, diventa più angusto. E lo diventa anche il linguaggio con cui lo si descrive. Per esperienza posso dire che il lessico con cui i cittadini del conflitto descrivono la loro condizione si impoverisce quanto più il conflitto si prolunga, trasformandosi gradatamente in un'accozzaglia di slogan e di luoghi comuni, a cominciare dal linguaggio usato dalle varie istituzioni che si occupano direttamente del conflitto – l'esercito, la polizia, i vari dicasteri governativi – per passare rapidamente ai mezzi di comunicazione di massa che ne fanno la cronaca, e inventano un linguaggio sofisticato e ingegnoso il cui fine è raccontare ciò che è più-facile-da-digerire per il loro pubblico (creando così una separazione tra tutto ciò che lo Stato compie nelle zone d'ombra del conflitto e il modo in cui i suoi cittadini scelgono di vedere se stessi). Alla fine tale processo filtra anche nel linguaggio privato, intimo, dei cittadini (nonostante loro lo neghino fermamente).

Ma, dopotutto, questo processo è ovvio. In fin dei conti la naturale copiosità del linguaggio umano, la sua capacità di toccare le corde più sottili e delicate del nostro essere, potrebbe decisamente far male in una situazione del genere, giacché ci ricorderebbe costantemente la ricchezza della realtà di cui siamo privati, la sua complessità, le sue sfumature.

E più la situazione appare senza via di uscita, più il linguaggio che la descrive si impoverisce, più il dibattito pubblico che la riguarda si va smorzando. Ciò che rimane, alla fine, sono i soliti e ripetuti scambi di accuse fra nemici, o fra avversari politici all'interno del paese. Rimangono i cliché con cui descriviamo il nemico, e noi stessi. In altre parole, abbozzi di pregiudizi, paure mitiche e generalizzazioni volgari in cui imprigioniamo noi stessi ed entro i quali intrappoliamo i nostri nemici. Il mondo, in effetti, diventa sempre più angusto.

Tutto ciò è vero non solo in riferimento al conflitto mediorientale. In così tante parti del mondo milioni di esseri umani si trovano in questo momento a dover affrontare questa o quella «condizione» in cui la loro esistenza, i loro valori, la loro libertà e la loro identità sono minacciati in diversa misura. Quasi ciascuno di noi vive una «condizione» personale, una maledizione privata. Suppongo che ognuno di noi avverta che la propria particolare «condizione» potrebbe trasformarsi rapidamente in una trappola che gli negherebbe la libertà, la sensazione di sentirsi a casa propria nel proprio paese, l'uso di un linguaggio personale, la gestione della propria libertà decisionale.

In una realtà simile noi scrittori e poeti scriviamo. In Israele come in Palestina, in Cecenia come in Sudan, a New York come nel Congo. Talvolta, mentre lavoro, dopo aver scritto per qualche ora, alzo la testa e penso – ecco, in questo preciso momento un altro scrittore, che io nemmeno conosco e che vive a Damasco o a Teheran, in Ruanda o a Dublino, compie, come me, questo strano, insensato, meraviglioso lavoro di creazione in una realtà in cui ci sono così tanta violenza, alienazione, indifferenza, egocentrismo. Ecco, ho un alleato lontano che nemmeno mi conosce, e insieme tessiamo questa astratta rete di fili che, malgrado tutto, possiede una forza immane. La forza di cambiare il mondo e di crearne un altro, di dare voce ai muti e di aggiustare le cose, nel senso profondo, cabalistico del termine.

Per quanto mi riguarda, negli ultimi anni, nei libri di narrativa che ho scritto, ho quasi voltato volutamente le spalle alla realtà immediata, scottante, del mio paese, quella delle ultime news. Su questa realtà ho scritto libri in passato, e anche negli ultimi anni non ho mai smesso di scrivere per cercare di capirla mediante articoli e saggi e interviste. Ho partecipato a decine di manifestazioni, di iniziative internazionali per la pace, ho incontrato i miei vicini – alcuni dei quali sono miei nemici – in qualunque occasione ritenessi che ci fosse qualche opportunità di dialogo. Eppure, negli ultimi anni, per una decisione mia, quasi per protesta, non ho mai incluso questo teatro di tragedia nella mia letteratura. Perché? Perché volevo scrivere di altre cose, non meno importanti e per le quali è difficile trovare tempo: di sentimenti e della capacità di prestare veramente ascolto quando tutt'intorno romba una guerra quasi perpetua.

Ho scritto dell'ossessiva gelosia di un marito nei confronti della moglie. Di ragazzi senza tetto nelle strade di Gerusalemme, di un uomo e di una donna che creano un loro linguaggio personale, quasi ermetico, chiusi in una surreale bolla d'amore. Ho scritto della solitudine di Sansone, l'eroe biblico, di rapporti sottili e complessi tra donne e le loro madri, e, in generale, tra genitori e figli. Ma circa quattro anni fa, quando il mio secondo figlio era in procinto di arruolarsi nell'esercito, non ce l'ho più fatta a rimanere dov'ero. Provavo una sensazione quasi fisica di urgenza, di bisogno impellente, che non mi dava pace. Ho cominciato allora a scrivere un romanzo incentrato sulla cruenta realtà in cui viviamo. Che descrive come la violenza esterna, la brutalità della situazione che ci circonda, si insinui nel tessuto delicato, intimo, di una famiglia e, alla fine, lo laceri.

«Nel momento in cui uno scrive» dice Natalia Ginzburg «è miracolosamente spinto a ignorare le circostanze presenti della sua propria vita. Certo è così. Ma l'essere felici o infelici ci porta a scrivere in un modo o in un altro. Quando siamo felici, la nostra fantasia ha più forza; quando siamo infelici, agisce allora più vivacemente la nostra memoria.» Si fa fatica a parlare di se stessi. Dirò allora quello che posso in questo momento, nella condizione in cui mi trovo.

Io scrivo. La sciagura che mi è capitata, la morte di mio figlio Uri durante la seconda guerra del Libano, permea ogni momento della mia esistenza. La forza della memoria è in effetti smisurata, enorme. A tratti possiede qualità paralizzanti. Eppure l'atto stesso di scrivere crea per me, ora, una specie di «luogo». Uno spazio emotivo che non avevo mai conosciuto prima, in cui la morte non è solo la contrapposizione totale, categorica, della vita.

Gli scrittori lo sanno: quando scriviamo percepiamo il mondo in movimento, elastico, pieno di possibilità. Di certo non congelato. Ovunque vi sia qualcosa di umano, non c'è immobilità né paralisi. E, sostanzialmente, non esiste nemmeno uno status quo (anche se, a volte, pensiamo per sbaglio che esista; e c'è chi farebbe qualunque cosa perché lo pensassimo).

Io scrivo. Il mondo non mi si chiude addosso, non diventa più angusto. Mi si apre davanti, verso un futuro, verso altre possibilità. Io immagino. L'atto stesso di immaginare mi ridà vita. Non sono pietrificato, paralizzato dinanzi alla follia. Creo personaggi. Talora ho l'impressione di estrarli dal ghiaccio in cui li ha imprigionati la realtà. Ma forse, più di tutto, sto estraendo me stesso da quel ghiaccio.

Io scrivo. Percepisco le innumerevoli opportunità presenti in ogni situazione umana e la possibilità che ho di scegliere fra di esse, la dolcezza della libertà che pensavo di avere ormai perso. Mi compiaccio della ricchezza di un linguaggio vero, personale, intimo, al di fuori dei cliché. Riprovo il piacere di respirare nel modo giusto, totale, quando riesco a sfuggire alla claustrofobia degli slogan, dei luoghi comuni. Improvvisamente comincio a respirare a pieni polmoni.

Io scrivo. E mi rendo conto di come un uso appropriato e preciso delle parole sia talvolta una sorta di medicina che cura una malattia. Uno strumento per purificare l'aria che respiro dalle prevaricazioni e dalle manipolazioni dei malfattori della lingua, dai suoi vari stupratori.

Io scrivo. Sento che la sensibilità e l'intimità che ho con la lingua, con i suoi diversi substrati, con l'erotismo, con l'umorismo e con l'anima che essa possiede, mi riportano a quello che ero, a me stesso, prima che questo «io» fosse ridotto al silenzio dal conflitto, dal governo, dall'esercito, dalla disperazione e dalla tragedia.

Io scrivo. Mi libero da una delle vocazioni ambigue e caratteristiche dello stato di guerra in cui vivo, quella di essere un nemico, solo ed esclusivamente un nemico. Io scrivo, e mi sforzo di non proteggere me stesso dalle sofferenze del nemico, dalle sue ragioni, dalla tragicità e dalla complessità della sua vita, dai suoi errori, dai suoi crimini. E nemmeno dalla consapevolezza di quello che io faccio a lui, né dai sorprendenti tratti di somiglianza che scopro tra lui e me.

Io scrivo. A un tratto non sono più condannato a una dicotomia totale, fasulla e soffocante: la scelta brutale fra «essere vittima o aggressore» senza che mi sia concessa una terza possibilità, più umana. Quando scrivo riesco a essere un uomo nel senso pieno del termine, un uomo che si sposta con naturalezza tra le varie parti di cui è composto; che ha momenti in cui si sente vicino alla sofferenza e alle ragioni dei suoi nemici senza rinunciare minimamente alla propria identità.

A volte, mentre scrivo, ricordo ciò che abbiamo provato noi israeliani, in un raro momento, quando a Tel Aviv atterrò l'aereo del presidente egiziano Anwar Sadat, dopo decine di anni di guerra tra i due popoli. Allora, inaspettatamente, scoprimmo quanto fosse pesante il fardello che ci eravamo portati sulle spalle per tutta la vita. Il fardello dell'ostilità, della paura, del sospetto, dell'essere costretti a stare perennemente all'erta, dell'essere un nemico, sempre.

E che felicità fu levarsi di dosso per un istante

le pesanti corazze del sospetto, dell'odio, degli stereotipi. Che felicità quasi spaventosa fu ritrovarsi spogliati, quasi puri, e vedere d'un tratto, davanti a noi, spuntare, dall'ottica ristretta e piatta con la quale ci eravamo osservati per anni, il volto di un essere umano.

Io scrivo. Do alle cose del mondo esterno, estraneo, nomi personali e intimi. In un certo senso, le faccio mie. E così facendo ritorno a un'atmosfera di casa da un luogo in cui mi sentivo esiliato, forestiero. Apporto un piccolo cambiamento a ciò che prima mi appariva immutabile. Anche quando descrivo il mio destino, stabilito dall'arbitrio ottuso degli uomini, o del fato, scopro improvvise minuzie e nuove sfumature. Scopro che il fatto stesso di scrivere di quell'arbitrio mi permette di affrontarlo con una sorprendente libertà di movimento. Che il semplice fatto di doverlo affrontare mi concede libertà, forse l'unica che l'uomo possiede dinanzi a qualunque arbitrio: quella di formulare la propria, tragica condizione con le sue parole. Di parlare di sé in maniera diversa, nuova, di fronte a tutto ciò che minaccia di incatenarlo, di imprigionarlo nelle definizioni ristrette e fossilizzate dell'arbitrio.

E scrivo anche di ciò che non potrà mai più essere, per cui non c'è consolazione. E anche allora, in un modo che ancora non so spiegare, le circostanze della mia vita non mi si chiudono addosso, non mi paralizzano. Più volte al giorno, seduto alla mia scrivania, tocco con mano il dolore, la perdita, come chi tocca un filo della corrente a mani nude. E non muoio. Non capisco come questo accada. Forse, dopo che avrò finito il romanzo che sto scrivendo, tenterò di capirlo. Non ora, è troppo presto.

E scrivo della vita del mio paese, Israele. Un paese tormentato, intossicato da troppa storia, da sentimenti esasperati che non possono essere umanamente contenuti, da troppi eventi e tragedie, da ansie parossistiche, da una lucidità paralizzante, da un eccesso di memorie, da speranze deluse, dalle circostanze di un destino unico nel suo genere tra tutti i popoli del mondo, da un'esistenza che talvolta appare mitica, al punto che sembra che qualcosa sia andato storto nei suoi rapporti con la vita e con la possibilità che noi, israeliani, potremo un giorno condurre un'esistenza regolare, normale, come un popolo tra gli altri popoli, uno Stato tra gli altri Stati.

Noi scrittori conosciamo momenti di sconforto e di scarsa autostima. La nostra arte, fondamentalmente, è un'attività di scomposizione della personalità e di rinuncia ad alcuni dei meccanismi di difesa umana più efficaci. Noi trattiamo, di nostra volontà, alcuni dei materiali dell'anima più coria-

L'ARTE DI SCRIVERE NELLE TENEBRE DELLA GUERRA

cei, più brutti e più difficili da maneggiare. Il nostro lavoro ci porta ripetutamente a essere consapevoli dei nostri limiti, sia come uomini che come artisti.

Eppure è questa la cosa meravigliosa, l'alchimia che si crea in ciò che facciamo: in un certo senso, nel momento in cui prendiamo in mano la penna, o la tastiera del computer, non siamo più vittime impotenti di tutto ciò che ci asserviva, o ci sminuiva, prima che cominciassimo a scrivere. Noi scriviamo, siamo molto fortunati. Il mondo non ci si chiude intorno, non diventa più angusto.

Meditazioni su una pace che sfugge

La pace tra Israele e i palestinesi, tra Israele e l'intero mondo arabo, è ancora, purtroppo per noi, soltanto una questione di speranze, ipotesi e intuizioni. In questi ultimi anni sembra anzi sempre più lontana. Ma anche adesso – forse adesso più che mai – dobbiamo pensare continuamente a questa figura della pace che si allontana, al modo in cui l'immaginiamo, e farne un costante «stimolo» per il pensiero.

Dopo il fallimento del processo di Oslo, circa una quindicina di anni fa, solo pochi hanno avuto ancora la forza d'animo di sottrarsi all'inferno della quotidianità per le strade di Israele e Palestina, e di ricordare che esiste la possibilità di una vita diversa, una vita di pace fra questi acerrimi nemici. Se non trattenessimo nella mente le potenziali fattezze della pace, se non ci impegnassimo senza tregua a immaginarle come un'opzione realistica, come un'alternativa alla situazione esistente, resteremmo solo e soltanto con quella disperazione che la guerra e l'occupazione e il terrorismo creano, quella disperazione responsabile del fatto che la guerra e l'occupazione e il terrorismo non passeranno presto.

Qui vorrei trattare di un particolare aspetto dei possibili effetti della pace tra Israele e i suoi vicini, e cioè di come la pace potrebbe aiutare Israele a guarire da quei mali e dalle deformazioni che attualmente minano la sua salute e il suo regolare sviluppo, come Stato e come società.

Per non dilungarmi troppo, non tratterò qui altre questioni ugualmente rilevanti, come l'effetto dell'eventuale pace sul Medio Oriente in generale, sugli Stati arabi, sui palestinesi; e non potrò sfiorare nemmeno un altro tema a me molto caro: il futuro dei rapporti fra la maggioranza ebraica e la minoranza araba all'interno dello Stato di Israele. Tenterò invece di concentrarmi su cose sulle quali di solito ci si sofferma poco quando si prova a descrivere e immaginare la pace che verrà.

Innanzitutto, così sento io, la possibilità e la disponibilità a immaginare uno stato di pace significa, prima di ogni altra cosa, essere convinti che noi, gli israeliani, abbiamo un futuro. Non sto parlando di un futuro buono o cattivo, ma soltanto della possibilità che esista un futuro. Della salda fiducia nell'eventualità che Israele esista effettivamente ancora per molti anni. Una prospettiva, questa, che per molti israeliani non è affatto sicura.

Forse alla radice del nesso quasi inconsapevole che esiste fra le parole «pace» e «futuro» nella lingua ebraica sta il fatto che sia la breve storia dello Stato di Israele sia l'assai lunga storia del popolo ebraico non hanno praticamente mai conosciuto periodi prolungati di pace completa, di esistenza serena e sicura, non minacciata. Pertanto, nella coscienza ebraica e israeliana, la parola «pace» è sempre, nel suo intimo, connessa a un'aspirazione, a una speranza, e non precisamente a una situazione esistente, concreta. È come se, nella grammatica, la parola «pace» avesse una natura tutta particolare, unica: un sostantivo dentro il quale si nasconde, come un passeggero clandestino, un verbo sempre coniugato al futuro.

La speranza di pace è, come è noto, uno fra gli ingredienti principali della preghiera ebraica e della profezia consolatoria dell'antico Israele. Solo in futuro e, per dire tutta la verità, solo «in fondo ai giorni», «non più popolo contro popolo alzerà la spada, né più s'addestreranno alla guerra» come dice il profeta Isaia (2,4); e solo per il futuro, in fondo ai giorni, re Davide promette a Gerusalemme che «sarà pace fra le tue mura, sicurezza nei tuoi palazzi» (Salmi 122,7).

«Esulterò di Gerusalemme» prosegue Isaia (65,19). «Non si udrà in essa più grida di pianto, grido di lamento. Non vi sarà più un bimbo dai giorni contati, né vecchio che non compia i suoi giorni: giovane morirà chi muore a cent'anni» (65,20) (potete certamente immaginare quale eco produca questa frase nell'attuale realtà israeliana, dove così tanti genitori seppelliscono i propri ragazzi). C'è speranza, c'è bellezza, nella connessione fra la pace e il «fondo dei giorni»; d'altro canto, siccome tale «scadenza» viene di solito, nella coscienza ebraico-israeliana, concepita come una meta astratta, utopica e fors'anche impossibile, la pace stessa viene colta così come qualcosa di astratto, utopico e impossibile. Una sorta di orizzonte che più ti avvicini, più si allontana.

In effetti, quando ci concediamo di riflettere seriamente sulla speranza che venga una pace, ne consegue che possiamo pensare di avere anche un futuro. Un futuro in quanto popolo, in quanto Stato. Non crediate che sia una cosa tanto ovvia: per la maggioranza degli israeliani, infatti, questa eventualità non è affatto scontata. E non mi pare esistano molti altri popoli con un rapporto così scettico e diffidente verso la possibilità di disporre di un futuro, di durata, di esistenza costante nel luogo in cui vivono. Quando, per esempio, leggiamo su un giornale americano che gli Stati Uniti fanno proiezioni sul raccolto di grano dell'anno 2025, ci suona perfettamente logico e naturale. Ma quale israeliano oserebbe mai parlare con tanta disinvoltura della resa delle vacche da latte nel nostro paese fra ventun anni?

Parlerò per me stesso: se provo a pensare in termini futuri analoghi a questi a riguardo di Israele, sento subito una fitta al cuore. È come se avessi infranto un tabù, come se mi fossi permesso una quantità eccessiva di futuro.

È strano il fatto che nonostante il popolo ebraico sia così antico, e così costante nel profilo della sua consapevolezza storica e della propria identità, una parte essenziale della sua autodefinizione sembra essere il presentimento di una fine imminente, la spada di Damocle di una catastrofe. È precisamente quel sentimento che ogni ebreo esprime la sera di Pasqua, quando legge nell'*Haggadah*: «Che in ogni generazione si pongono contro di noi per sterminarci». È, ovviamente, un sentimento che si è cristallizzato non intorno a farneticazioni paranoiche, ma come conseguenza di ben note circostanze storiche. Però, oggi la questione che ci interessa è la seguente: la vita in una stabile condizione di pace e sicurezza esistenziale potrà mai cambiare questa percezione, questa amara visione del mondo impressa così profondamente nell'animo ebraico-israeliano? Questa consapevolezza che, in fondo, definisce l'esistenza come qualcosa di condizionato, di fragile, di problematico, e di eccezione fra le altre nazioni?

Un'altra domanda sorge dalla precedente, di cui è la conseguenza: che cosa significa vivere senza un nemico?

Immagino che a una parte dei presenti questa possa sembrare una domanda bizzarra. Soprattutto per coloro che sono nati dopo la seconda guerra mondiale. Ma io, come ogni israeliano, non so che cosa sia una vita senza un nemico. Non so che cosa significhi vivere la mia vita senza la stabile presenza di un nemico. Senza l'impulso ad arroccarsi, difendersi, senza l'aggressività verso colui che minaccia la tua casa e non di rado anche la tua vita.

Immagino che quand'anche si arrivasse presto a un accordo di pace, esso sarebbe – quantomeno nei primi anni – fragile e assai traballante, fitto di atti terroristici e di violenze bilaterali tali da non metterci tanto presto di fronte al «problema» di come vivere senza un nemico. Ma alle generazioni future, a loro sì, auguro di trovarsi costrette a confrontarsi con questo problema.

Sarà una sfida non da poco: imparare a vivere

una vita non più limitata dall'ostilità, dalla paura e dalle violenze. Vivere dentro una sensazione di continuità e di futuro durevole. Educare i propri figli sulla base di opinioni e convinzioni che non sono inevitabilmente foggiate dalla paura della morte. Crescere i tuoi figli senza il quotidiano terrore che in ogni momento ti possano essere strappati via. Forse pian piano scopriremo che, insieme alle paure, si potrà cominciare a rinunciare anche a certe parti dell'ethos israeliano, concepito in larga misura per contesti di lotta armata: il rapporto di forza come valore in sé. L'esercizio della forza come alternativa pressoché automatica in ogni situazione di confronto, o anche per paura del confronto. La sopravvalutazione della forza e dei suoi agenti: esercito e ufficiali; stima in conseguenza della quale a guidare il paese vengono scelti dei militari, che fors'anche per questo lo condannano ad agire secondo un'angusta logica militare: in fondo, dentro una guerra incessante.

(In effetti, ciò ha una logica: un popolo che si trova da sempre in guerra, in genere sceglie dei combattenti per farsi guidare. Ma, capovolgendo la questione, il fatto che siano dei combattenti a guidare il popolo non lo condanna a trovarsi continuamente in una situazione bellica, in un conflitto permanente?)

Il senso d'assedio e la paura di ciò che si sta tramando contro di noi al di là del confine creano inevitabilmente un'ansia di consenso interno a qualunque costo, un consenso che a volte assomiglia al concitato istinto di assembramento di un gregge quando avverte una minaccia. Ma quando verrà il giorno in cui non saremo più costretti a definirci costantemente in termini di guerra e assedio, quando ci sarà permesso di liberarci pian piano dalla rigida, meschina e univoca distinzione fra chi è «con noi» e chi è «contro di noi», fra chi appartiene al «noi» e chi è un perfetto estraneo (e, in quanto tale, sospetto nemico), forse potremo imparare, a poco a poco, a essere più tolleranti verso altri punti di vista e altre voci, in ogni contesto: in politica, nella religione, nelle definizioni di genere, nei rapporti fra uomini e donne e, a maggior ragione, nei rapporti sempre tesi, spaventati, fra arabi ed ebrei dentro lo Stato di Israele.

Se arriveremo, un giorno o l'altro, a non avere più nemici, potremo forse liberarci anche di quella ben nota propensione israeliana a rapportarsi alla realtà con l'atteggiamento del sopravvissuto, il quale si ritrova «programmato» – o condannato – a definire la situazione che gli si prospetta essenzialmente in termini di minaccia, pericolo, imboscata, o, per contro, di coraggiosa e miracolosa fuga. Il sopravvissuto non di rado ignora quel che potrebbe rendere più complesso il quadro del suo mondo, che potrebbe sospendere le sue reazioni istintive, e per questo tende a cancellare anche le sfumature intermedie, le sottigliezze: in sostanza non è in grado di sostenere la complessità della realtà con tutti i suoi chiaroscuri, le sue contraddizioni, le eventualità e le aspettative che essa contiene. In altre parole, si condanna quasi a continuare a esistere dentro il suo contesto parziale, approssimativo, diffidente e spaventato; e con ciò si condanna anche, per sua disgrazia, a tornare continuamente alle proprie paure, ai propri incubi.

Riusciremo mai a liberarci da questo paralizzante paradosso esistenziale del popolo ebraico, un popolo che lungo tutta la sua storia è sopravvissuto per vivere e che oggi si ritrova, perlomeno in Israele, a vivere per sopravvivere?

Perché le tendenze combattive, l'istinto di sopravvivenza, esercitano oggi un'influenza negativa anche all'interno della società israeliana. Perché, dopo più di cent'anni di incessante conflitto militare e nazionale, di guerre e operazioni belliche, di allerta e cicli inesausti di vendetta e rappresaglia, la diffidenza e l'astio che gli israeliani si sono abituati a riversare verso l'altro, verso il nemico, sono diventati un atteggiamento, un comportamento quasi automatico nei confronti di ogni altro, anche se questi è «uno di famiglia», anche se è un fratello.

Guardate quanta poca comprensione e simpatia abbiamo noi israeliani verso altri israeliani che non appartengono al nostro «gruppo» o «tribù». Con quale animosità o sarcasmo trattiamo le sofferenze vere, autentiche, di quegli israeliani che non sono «noi». Come se il nostro ostinato e ormai automatico rifiuto di ammettere persino l'esistenza del dolore dei palestinesi, perché potrebbe minare la giustezza delle nostre ragioni, avesse finito per guastare anche il nostro buon senso e l'istinto affettivo naturale; e così si sono gradualmente affievoliti il senso di comunanza, la solidarietà che molti israeliani provano per altri gruppi sociali del paese. Si va insomma sviluppando una profonda ostilità fra destra e sinistra, fra laici e religiosi, fra mondi nuovi e vecchi, fra ricchi e poveri, fra ebrei-israeliani e arabi-israeliani. Ne vanno di mezzo la coesione sociale e civile, quel senso di identificazione che è il minimo indispensabile dentro uno Stato con degli obiettivi. Ne va di mezzo, ancora, il valore primario ebraico di un'appartenenza comune e una responsabilità reciproca. Dunque, Israele sta perdendo uno dei beni più preziosi che un popolo possa avere: il senso di identificazione nazionale.

Dirò ora qualche parola sulla sicurezza. Non sono un esperto di sicurezza, e può darsi che i «sicurezzologi» professionisti liquidino le mie parole come fantasie di un perfetto dilettante. E tuttavia proverò a dire cose che anche un ignorante come me comprende.

Sicurezza non significa soltanto un esercito forte. Sicurezza, nella sua accezione più ampia, significa anche un'economia forte e stabile, una riduzione del divario sociale e una crescita della coesione interna, un buon sistema educativo, la legalità, l'identificazione dei diversi gruppi sociali con lo Stato e i suoi obiettivi, la scelta da parte delle élites di restare nel paese e contribuire al suo progresso...

Oggi come oggi, Israele ha un esercito forte, e questo è un bene. Il Medio Oriente è ancora un quartiere a rischio, violento e imprevedibile. Anche se venisse la pace, Israele dovrebbe sempre restare in guardia, essere pronto ai colpi di scena. Israele ha dunque un esercito forte, sebbene sempre più sfiancato sotto il profilo morale, poiché in una parte non irrilevante delle sue operazioni nei Territori occupati palestinesi si trova di fronte civili, donne e bambini. L'esercito israeliano fa ancora egregiamente il suo dovere nella difesa della sicurezza dello Stato, ma quasi tutti gli altri componenti delle strutture cosiddette «di sicurezza» sono difettosi, carenti: quattro anni dopo lo scoppio dell'intifada, l'economia israeliana si trova in una stagnazione quale non si verificava dagli anni Cinquanta del secolo scorso. Il danno causato a Israele in questi quattro anni viene stimato in circa 90 milioni di shekel (oltre 16 milioni di euro). Povertà, indigenza, disoccupazione e criminalità aumentano a velocità spaventosa, testimoniando lo stato dei sistemi assistenziale e previdenziale, nonché della legalità. Il divario fra il livello economico più alto e più basso è fra i più grandi del mondo. Più il problema della sicurezza si aggrava, più aumentano le spese per risolverlo e s'indebolisce la capacità del governo di ridurre le disuguaglianze sociali. Per la prima volta si sentono in Israele allarmi pubblici di rivolta e di disordine sociale diffuso, violento.

Ma le incrinature del senso di sicurezza sono ben più profonde e sostanziali: in questi ultimi anni, gli anni della seconda intifada, gli israeliani si sono ritrovati in una realtà capace di fare a pezzi le persone, in senso letterale. Famiglie intere sterminate in un attimo, arti umani mozzati nei caffè, nei centri commerciali, negli autobus. Tale è la materia della realtà e quella degli incubi di ogni israeliano, in una commistione ormai indistinguibile. Bambini a cui è vietato guardare i film dell'orrore osservano al telegiornale scene assai più devastanti. Oggi come oggi, la quotidianità israeliana abita per lo più nei territori brutali, primitivi e incolti del terrorismo. Una violenza bestiale scatta contro gli israeliani, e una violenza non meno brutale scoppia dentro di loro contro i palestinesi. Essere israeliani significa attualmente vivere in larga misura con una sensazione di smarrimento e di smembramento, in tutti i sensi: lo smembramento del corpo individuale, personale, la cui fragilità viene continuamente esibita, e lo smembramento del corpo pubblico, sociale. Delle profonde spaccature si sono aperte in questi ultimi anni nei diversi organi statali, nella legalità e nell'amministrazione della giustizia, nella fiducia riposta nell'esercito e nella polizia, e in quella che l'opinione pubblica nutre nei suoi leader, nella loro onestà personale e pubblica.

Da un sondaggio svoltosi all'inizio del 2004 è risultato che l'opinione pubblica non crede che Israele sia in grado di assicurare alla propria giovane generazione un futuro migliore; circa un quarto degli interpellati ha dichiarato che sta seriamente valutando l'ipotesi di lasciare il paese. Ogni settimana centinaia di israeliani si schierano davanti all'ambasciata polacca a Tel Aviv per chiedere la cittadinanza. Pensate alla tremenda ironia di tutto ciò: nientemeno che la Polonia! Chiedono un secondo passaporto per essere più facilmente accolti, loro e i loro figli, nei paesi dell'Unione europea: per ragioni di ordine economico, certo, ma anche per avere un'ulteriore possibilità di scampo e fuga da Israele.

Perché, dopo cinquantanove anni di indipendenza e sovranità, gli israeliani si sentono ancora mancare la terra sotto i piedi. Israele non è riuscito a infondere alla sua cittadinanza la sensazione che questo posto sia casa loro. La gente percepisce, forse, Israele come una zattera, ma non come una casa vera e propria.

Ovviamente, la responsabilità di tutto ciò non va in alcun modo addossata soltanto a Israele. Le paure degli israeliani non sono affatto infondate. Il Medio Oriente non ha mai accolto Israele come sua parte integrante, come uno Stato che esiste di diritto e non per pietà. I paesi arabi non hanno mai avuto un briciolo di tolleranza o comprensione per la particolare situazione di Israele e il destino del popolo ebraico, e non si può ignorare la loro parte di responsabilità nella tragedia di tutta la regione. Pertanto, non c'è affatto da meravigliarsi se la sensazione «domestica» di Israele fra vicini tanto ostili sia così incerta e deforme.

In effetti, la maggior parte degli israeliani sa,

come dice una canzone molto popolare, che «non ho un'altra terra», e tuttavia, dopo cinquantanove anni di indipendenza e sovranità, il senso di sollievo dell'israeliano nella sua patria, più che quello di chi si trova veramente dentro ciò che è suo, nel suo ambiente naturale, sicuro e indubitabile, è propriamente quello di chi vive, ancora, in un territorio sul quale i suoi vicini nutrono prepotenti aspirazioni e rivendicano diversi diritti, diritti che, anche se la «voce ufficiale» dello Stato nega con vigore, riaffiorano alla coscienza in figura di paure e senso di colpa. Israele, insomma, è ancora un territorio conteso, e non di rado una zona di tragedia; un territorio che forse, chissà quando, in un futuro oggi inimmaginabile, diventerà una vera casa e darà agli israeliani tutto ciò che una casa deve dare ai suoi abitanti.

Che situazione difficile! Del resto, il primo obiettivo del sionismo – per non parlare dell'aspirazione religiosa e spirituale a Sion nel corso dei secoli che precedettero il sionismo politico – era che gli ebrei potessero tornare a casa: fondare un luogo al mondo, uno solo, in cui l'individuo ebreo e il popolo ebraico si sentissero veramente a casa: non come ospiti, non da stranieri più o meno tollerati, non come parassiti, ma come persone di casa, padroni di casa. A questa serenità, a questa eredità, ancora non ci è stato dato arrivare.

Con ciò non voglio sottovalutare tutti i formidabili traguardi raggiunti da Israele: malgrado condizioni di partenza praticamente impossibili, nel contesto di un'ininterrotta lotta per l'esistenza, Israele ha creato un regime democratico, ha chiamato a sé milioni di immigrati, ha rinnovato una lingua antica, ha prodotto una cultura, ha sviluppato un'agricoltura fra le più progredite del mondo, è diventato uno degli avamposti dell'high tech, ha fondato dal nulla uno fra i più forti eserciti del mondo, dopo millenni vissuti dal popolo di Israele in condizioni di totale inermità. In effetti, Israele ha ottenuto importanti successi, ma soprattutto è un paese dall'enorme potenziale che non si è ancora pienamente realizzato. Anche a causa delle ragioni di cui vi sto parlando.

Il tema del senso di «casa», per esempio. Io credo che la sicurezza personale degli israeliani nel contesto della «casa», e in fondo nel contesto della loro identità nazionale di israeliani, avrà molto da guadagnare con il ritiro dai Territori occupati e la separazione dal popolo palestinese. Voglio precisare che, a mio avviso, l'occupazione non è la ragione principale dell'odio che gli Stati arabi nutrono per Israele. Quest'odio esisteva già prima della guerra del 1967, quando furono conquistati quei territori che sono oggi al centro della contesa; e anche quando l'occupazione sarà finita, non credo che quest'odio possa passare molto in fretta. Ma con la fine dell'occupazione qualcosa comincerà a sfilacciarsi nel nodo di ostilità, a poco a poco si ridurrà il focolaio del risentimento storico, nazionale e religioso nei confronti di Israele, con il conseguente allentamento di alcuni «grovigli» interiori della società israeliana stessa.

Ritengo che una parte della profonda disgregazione della società israeliana di oggi derivi dal fatto che nella coscienza e nel sentimento di molti ebrei di qui i Territori occupati non corrispondono affatto – nella percezione comune – ai confini dell'identità israeliana. Certo, per l'ebreo ortodosso quei territori sono parte della sua identità, perché sono inclusi nella promessa divina fatta ad Abramo nostro padre: a Hebron si trova la grotta di Macpela, a Betlemme c'è la tomba di Rachele, a Silo è passata l'Arca del patto, per i campi di Betlemme Giuseppe pascolava il gregge di suo padre Giacobbe.

Ciononostante, la febbre del «fuoco interiore» dell'identità israeliana e quel senso autentico di «casa» si fermano, nella coscienza della maggioranza del popolo di Israele, prima della linea verde, non al di là di essa. Lo si può dimostrare facilmente: negli ultimi decenni i governi israeliani hanno investito centinaia di milioni di dollari per i coloni e gli insediamenti. Quella che si definisce «industria della colonizzazione» ha rappresentato il progetto nazionale più grande e più dispendioso sin dalla fondazione di Israele. Un portentoso meccanismo di propaganda e promozione e incentivo – ideologico, religioso e nazionale – è stato attivato da tutti i governi israeliani, di destra e di sinistra, per far sì che la popolazione si trasferisse in massa negli insediamenti. Allettanti, scandalose facilitazioni economiche sono state proposte agli interessati. E malgrado tutto ciò, dopo quasi quarant'anni, vivono nei territori meno di duecentocinquantamila israeliani, in stragrande maggioranza già nati lì. Vale a dire che l'intera popolazione degli insediamenti è più o meno pari a quella di una modesta cittadina israeliana.

In tutte le indagini e in tutti i sondaggi effettuati negli ultimi undici anni, cioè dopo gli accordi di Oslo, circa il settanta per cento degli israeliani concorda stabilmente sulla necessità di spartizione del territorio in due nazioni. Magari non sono entusiasti di questa idea, ma capiscono che non ci sono alternative. Ogni israeliano con la testa sul collo sa che la ratifica alla spartizione ottenuta da Ariel Sharon in Parlamento, nell'ottobre 2004, significa l'ammissione del proprio fallimento ideologico da parte di quella destra che credeva nella possibilità di tenere il controllo su tutta la grande terra di Israele. Perciò, ribadisco che il «fuoco interiore», la febbre dell'identità israeliana arriva oggigiorno, per la maggioranza della popolazione, sino alla linea verde, non al di là di essa. Oltre questa linea, il carattere di questa febbre cambia: o si raffredda e si dissolve nell'indifferenza, nell'estraneità verso ciò che accade da quelle parti, o si trasforma in un ardore esagerato: quello dei coloni e degli apocalittici d'ogni sorta.

In altre parole, si è creata qui una situazione assurda e devastante in cui, ormai da quasi quarant'anni, gran parte delle energie nazionali, delle risorse finanziarie, sentimentali e umane, nonché dell'entusiasmo politico e nazionale, viene riversata dalle istituzioni su un territorio per il quale la maggioranza della popolazione israeliana non nutre un senso di piena, naturale e armonica appartenenza.

Voglio sperare che la rinuncia ai Territori e all'esperienza dell'occupazione restituisca agli israeliani – quantomeno alla maggioranza di loro – il senso più autentico della loro identità. Allora, per la prima volta dopo anni, forse per la prima volta dall'inizio del sionismo politico, dai primi abbozzi di confine dello Stato in formazione e poi dello Stato di Israele, si stabilirà una piena corrispondenza tra i confini territoriali e quelli dell'identità.

Si tratta di una sensazione molto sottile. Mi è difficile formularla con le parole, forse perché non l'ho ancora provata e posso soltanto sognarla: sto parlando del modo in cui un popolo è in grado di concepire se stesso, la propria identità, la propria esistenza sulla propria terra, così come un corpo sano è in grado di stabilire un rapporto emotivo, un rapporto vitale con tutte le sue parti, le sue superfici, i suoi limiti; ma solo dopo che si è liberato dei conflitti, dei dilemmi e delle battaglie per le sue parti (cioè i suoi «organi») diversi; lotte che l'hanno angustiato al punto da mettere a repentaglio la sua stessa esistenza.

Per non parlare del grande sollievo che potremo provare una volta liberati dalla condizione stessa dell'occupazione. Credo che nemmeno gli israeliani più desiderosi di governare su tutto il Grande Israele siano contenti di essere degli occupanti. Vogliono sì la terra, ma non vogliono lo stato di occupazione, e men che meno sono desiderosi di un contatto con chi subisce l'occupazione: un contatto che susciterebbe in chiunque – per quanto estremista nelle sue opinioni – un senso di torto e di colpa.

Non ho dubbi che, anche se la sua posizione

politica si situa attualmente al centro e a destra, la maggioranza degli israeliani avverta il dilemma morale che l'occupazione presenta. Anche se si giustifica l'occupazione con motivazioni articolate, per quanto efficacemente respinto sotto la soglia della coscienza il peso del dilemma morale si fa sentire, eccome. E così, questa maggioranza di Israele vive in uno stato di conflitto permanente non solo esterno – con il nemico – ma anche con se stessi e i propri valori.

Perché da qualche parte dentro di sé ogni persona sa quando sta commettendo un torto, o collaborando a un torto. Da qualche parte, in chiunque sia dotato della facoltà d'intendere, in ogni persona sana di mente, c'è un punto in cui non gli è dato illudersi su quel che fa e le conseguenze di ciò che fa. L'angoscia che crea il torto – anche se questo viene rimosso – esiste e ha un'influenza, un prezzo. Quale sollievo, invece, quale senso di riscatto, nell'accezione spirituale più profonda del termine, potrà dunque venire alla liberazione dallo stato di occupazione e dai conflitti, palesi e occulti, che esso comporta in ogni momento.

Forse è il caso di ricordare qui alcuni dei guasti di cui non si parla granché, pensando al prezzo che Israele sta pagando in questa situazione per il fatto che c'è l'occupazione e non ci sono né pace né speranza di pace: il pesante rammarico, sempre più diffuso fra coloro per i quali Israele era un sogno e una speranza di costruire una società morale e giusta, una società umanistica e ispirata. Crudele è anche la delusione per il fatto che proprio noi, gli ebrei, che abbiamo sempre guardato con diffidenza e circospezione all'uso della forza, ce ne siamo ubriacati appena l'abbiamo avuta fra le mani. Ubriachi di forza e dominio, ammalati di tutte le malattie che la forza trasmette a popoli ben più robusti e stabili di Israele; forza e prepotenza e tentazione – senza troppi ostacoli sulla sua strada – di far del male a chi è inerme, di sfruttarlo economicamente, di umiliarlo culturalmente, di disprezzarlo anche a titolo personale.

Parlerò anche del prezzo di una vita senza speranza. Dell'oppressione esercitata dal fatalismo, dal disfattismo, per colpa del quale così tanti israeliani vivono con la sensazione che le cose non andranno mai meglio di così, che le armi avranno sempre pane per i loro denti, e che esiste una specie di «dannazione dal cielo» inflitta su di noi: uccidere ed essere uccisi per l'eternità. Io penso che sessanta, cinquant'anni fa la società ebraica nella giovane terra di Israele era pronta a qualunque sacrificio perché sentiva di avere uno scopo perfettamente giusto. Oggi, invece, per parti non indifferenti della popolazione questo scopo non sembra più così giusto, e non di rado si fa persino fatica a comprendere quale sia l'obiettivo. Questa mancanza di senso e di fiducia nella leadership rode gradualmente anche il cuore della questione, la convinzione cioè della legittimità dello Stato ebraico, del suo diritto all'esistenza, e rafforza in alcuni particolari contesti quelle posizioni secondo cui tutto lo Stato di Israele – e non soltanto i suoi insediamenti nei Territori occupati – sarebbe un torto colonialista, capitalista, un regime d'apartheid, estraneo a qualsivoglia motivazioni storiche, nazionali e culturali, e pertanto senza legittimità né diritto all'esistenza.

La fine dell'occupazione potrà condurre alla guarigione di alcune di queste lesioni interne. Non credo che un cambiamento tanto drastico possa avvenire in tempi brevi, ma se anche ciò dovesse verificarsi nel giro di una o due generazioni, potrebbe contribuire a sanare la «deformazione» che ha portato Israele lontano dal suo stesso ethos. Se questo dovesse succedere, si svilupperebbe forse qui anche una nuova potenzialità di interessante sintesi fra i due modelli fondamentali del popolo ebraico: da un lato il modello ebraico israeliano, che vive nella propria nazione, sopra il suolo e nel paesaggio che gli appartengono, con una sua lingua e cultura, un corpo radicato dentro una quotidianità e una concretezza, in tutti gli aspetti e con tutte le contraddizioni che ciò comporta; dall'altro il modello dell'ebreo universale, cosmopolita, che aspira a compiere una missione intellettuale e morale, a esprimere la voce dei deboli e degli oppressi d'ogni dove, a rappresentare un sistema morale chiaro, deciso, radicato nella forza intellettuale e filosofica, in quella mobilitazione etica che fa di ogni individuo una grande creazione, unica e irripetibile, come hanno detto tanto il profeta Isaia quanto pensatori moderni quali Franz Rosenzweig e Martin Buber.

Pensate per un momento alla possibile combinazione di questi due modelli! Pensate a un Israele che riesca a crearsi un posto nuovo, unico nel suo genere, nella famiglia dei popoli: Israele come nazione sovrana, sicura, nel cui patrimonio culturale trovino spazio l'impegno umanistico universale, il coinvolgimento nelle avversità del mondo, la voce morale su questioni sociali, politiche ed economiche, il sostegno umanitario ovunque ce ne sia bisogno. In altre parole, uno Stato di Israele che torni a svolgere – questa volta da un posto nuovo, sovrano, integro, sicuro – il ruolo e il compito storico, morale, del popolo ebraico nella storia umana.

Talvolta un pensiero solletica la coscienza: che cosa sarebbe successo e come sarebbero andate le cose se Israele fosse riuscito a crearsi come un'entità nazionale e sociale unica nel suo genere, invece di diventare, con una rapidità sorprendente, una parodia un po' grottesca degli Stati arabi? Che cosa sarebbe successo se Israele avesse optato sin dall'inizio per una scelta nazionale e sociale ardita, assai distante da quella su cui si è cristallizzata ora? Una scelta capace di conciliare i valori ebraici universalistici con un sistema economico e sociale veramente umanistico, centrato sull'uomo, invece dell'utilitarismo e della forza e di una competitività aggressiva; una scelta che avesse un che di unico, particolare e financo geniale, come è stata, per esempio, l'idea del kibbutz all'inizio, prima che si guastasse, e quale si è manifestata nell'apporto ebraico a molti e diversi ambiti dell'esperienza umana, nella scienza e nell'economia, nell'arte e nella filosofia, negli studi politici e sociali.

So, ovviamente, che queste mie parole suonano utopistiche, forse addirittura ingenue. D'altro canto, tutto ciò che sto dicendo contiene un pizzico di utopia e di recondita aspirazione. Ed è assai probabile che una parte del mio – forse non soltanto mio – personale processo di guarigione dalla malattia quasi cronica che è questa «situazione» consista proprio nel tornare a credere alla possibilità di sfuggire a questa quotidianità così opprimente e disperante, al cinismo che toglie respiro a ogni speranza e a ogni progresso spirituale.

Ho parlato del senso di identità e del senso di casa che l'accordo di pace potrà procurare a Israele. Non si può parlare di casa senza parlare di pareti, cioè di confini. Nei cinquantanove anni di esistenza dello Stato di Israele non s'è ancora visto un solo decennio di frontiere fisse e stabili. Nel 1947 fu sancito un confine internazionale, subito spostato dopo la guerra d'Indipendenza, nel 1948. Nel 1956 il confine meridionale è cambiato a seguito della guerra con l'Egitto e della conquista del Sinai, successivamente sgomberato. La guerra dei Sei giorni, nel 1967, ha notevolmente aumentato il territorio di Israele, e cambiato in modo drastico i confini a nord, a est e a sud. La guerra del 1973, e la pace con l'Egitto nel 1977, hanno di nuovo trasformato il confine di Israele, separando il paese dal Sinai. Nel 1982 la guerra del Libano ha portato l'esercito israeliano molto all'interno del territorio libanese, spostando di fatto per diciotto anni il confine settentrionale per decine di chilometri. Gli accordi di Oslo nel 1993 e la pace con la Giordania nel 1994 hanno mutato il confine orientale di Israele con la Giordania e con l'Autorità palestinese. Questa frontiera, quella orientale, è la più tormentata, data la massiccia presenza di coloni entro il territorio palestinese.

Fra l'altro, l'unico confine chiaro e tangibile per gli israeliani, in un modo quasi istintivo, è quello occidentale, cioè il mare. Se dicessi queste cose in Israele, tutti annuirebbero tristemente (è curioso il fatto che proprio il mare, ossia il paesaggio più instabile e mobile, nella percezione di gran parte degli israeliani sia l'unico confine stabile e chiaro...).

Gli israeliani non hanno, quindi, un'idea precisa di che cosa sia un confine. Vivere così significa vivere in una casa fatta tutta di pareti mobili, instabili, che vengono continuamente violate. Chi vive in una casa senza pareti stabili fa molta fatica a capire dove «finisce» lui e dove «comincia» l'altro. E chi non ha questa nozione ha un'identità sempre sulla difensiva, sempre «conflittuale» nei confronti di coloro che lo minacciano. Questa situazione crea per un verso la perenne tentazione di fare intrusione, per l'altro la sfrenata tendenza all'autodifesa, cioè una forma di aggressività. Le scelte adottate e le decisioni prese da chi vive in questa situazione, in stato di ansia o dilemma, sono in genere condannate a risultare eccessive, affrettate e violente. Le lezioni che può ricavare dalla propria storia sono per lo più destinate a essere estremistiche, e quindi anche superficiali, prive di sfumature, tendenze che non di rado compromettono la visione della realtà presente.

In un certo senso, lo Stato di Israele ripropone qui una delle più gravi anomalie del popolo ebraico nella Diaspora, nonché il risvolto tragico della sua esistenza negli ultimi duemila anni: l'anomalia di un popolo che vive in mezzo ad altri popoli, per lo più ostili nei suoi confronti, in un luogo dove le linee di confine fra lui e loro sono problematiche e non perfettamente chiare, e ogni contatto può essere inteso, tanto dagli uni quanto dagli altri, come una pericolosa infiltrazione in zone dell'identità tanto sensibili quanto esplosive.

Sogno un tempo in cui lo Stato di Israele abbia finalmente un confine stabile, fisso, difeso, riconosciuto dall'Onu e dal mondo intero, Stati arabi compresi. Un confine deciso da una trattativa con gli ex nemici, e con un accordo bilaterale, non unilaterale né imposto, come sta facendo oggi Israele con il muro che costruisce intorno a sé. Il significato di questo nuovo confine sarà sicurezza, identità, casa.

«L'ebreo» ha detto più di una volta George Steiner «è ancorato non al luogo bensì al tempo. Seimila anni di autocoscienza sono la patria.»

Ma fissare per Israele dei confini concordati significherà anche che il popolo di Israele avrà finalmente risolto il cruciale dilemma interiore che ha caratterizzato quasi tutto il corso della sua esistenza: la questione se sia un «popolo di un luogo» o un «popolo di un tempo», se sia un «popolo eterno» che, senza essere legato in modo fisico, concreto, a un determinato luogo, può esistere anche entro la sfera universale della fede e della cultura, dell'«autoconsapevolezza», con una spiritualità e nostalgie puramente astratte, oppure se è ora maturo per cominciare una fase nuova, una fase che sia la realizzazione vera e piena del processo avviato nel 1948 con la fondazione dello Stato di Israele.

In altre parole, l'accordo sulla fissazione dei confini di Israele e la normalizzazione dei suoi rapporti con tutti i vicini potranno gradualmente dare una risposta a una domanda tanto complessa quanto stratificata: gli ebrei vogliono davvero e sono davvero capaci di vivere finalmente dentro uno Stato con dei confini stabili e ben definiti, dentro un contesto nazionale chiaro e lampante? O sono invece condannati – per ragioni che non esaminerò qui, e che sono forse più spirituali che politiche – a continuare a cercare un'esistenza che comporti una specie di «assenza di confini», nel senso più profondo: una situazione di perenne mobilità, di alternanza fra esilio e ritorno, di assimilazione in altre identità e ritorno all'identità ebraica, cioè una situazione che sfugge ripetutamente a ogni definizione precisa e si trova esposta a tutte le forze che agiscono intorno a essa, forze che a volte arricchiscono e fecondano, a volte, come è accaduto non di rado, tentano di distruggere e sterminare.

Donde si può continuare a sperare che l'accordo di pace e la fissazione di confini stabili e sicuri possano sanare quella grave menomazione per cui gli israeliani non sono ancora accolti entro una «normalità» politica, internazionale, generale, negata per lunghi secoli e anche adesso che hanno, ormai da cinquantanove anni, uno Stato.

Perché forse sta qui la grande tragedia del popolo ebraico: nel corso della sua storia gli altri popoli, le altre religioni, soprattutto la cristianità e l'Islam, l'hanno sempre considerato come un simbolo o una metafora per qualcosa d'altro. Come un esempio, una parabola religiosa di castigo per un peccato atavico, senza vederlo quasi mai come una «cosa a se stante», come un popolo fra altri popoli, una persona fra altre persone.

Per quasi due millenni l'ebreo è stato respinto ed esiliato dalla realtà politica, da ciò che si definisce «famiglia dei popoli». È stato privato della sua umanità con i sofisticati mezzi della demonizzazione da un lato e dell'idealizzazione dall'altro, che sono in fondo le due facce della medesima opera di disumanizzazione. Gli altri hanno riversato su di lui ansie e false credenze, l'hanno trattato come un essere anomalo, misterioso, metafisico, dotato di una norma interna diversa da quella del resto del mondo e di forze occulte e sovrannaturali; a volte «sottonaturali», come hanno fatto per esempio i nazisti definendo l'ebreo un «essere subumano».

Giuda Iscariota, l'assassino del Figlio di Dio, l'Anticristo, l'ebreo errante, l'ebreo eterno, l'ebreo che avvelena i pozzi, che diffonde le epidemie, i savi di Sion che pretendono di dominare il mondo, e via di questo passo: figure sataniche e grottesche alla Shylock sono entrate nel folklore, nella religione, nella letteratura e persino nella scienza. Forse per questo gli ebrei hanno trovato conforto nell'autoidealizzazione, nell'immagine di se stessi come di un popolo prediletto, un popolo eletto, che è anch'essa una concezione problematica e insidiosa, fonte ulteriore di separatezza.

Sto parlando qui di una sensazione sottile, molto delicata. Della sensazione di un'estraneità profonda dentro il mondo: l'estraneità del popolo ebraico fra gli altri popoli. Della solitudine esistenziale che è il frutto di innumerevoli persecuzioni e angherie, che forse soltanto chi è ebreo può comprendere veramente, senza bisogno di parole. Della sensazione di enigma e mistero che avvolgono il popolo ebraico – e anche il singolo individuo ebreo – nel corso delle generazioni. Quell'enigma che spinge continuamente altri popoli a risolverlo con i metodi più vari, a definire l'ebreo secondo termini razziali e razzisti, a collocarlo continuamente entro confini e ghetti, a ridurre i suoi spazi di sopravvivenza, i suoi spazi d'impegno, i suoi diritti, fino al tentativo – assoluto e terribile – di «risolvere» il problema, l'enigma ebraico attraverso la «soluzione finale».

Se guardiamo solo a dieci anni fa, anno più anno meno, arrivando all'inizio del processo di Oslo, possiamo rammentare quale cambiamento cruciale avvenne allora nella visione del mondo, nel modo di guardare a se stessi, da parte degli israeliani. A quell'epoca, molti israeliani cominciarono ad avvertire il sapore inebriante di una nuova appartenenza al mondo moderno, il senso di «essere accolti» dentro un universalismo progressista, una civiltà liberale, laica nella sua essenza. Di una certa normalità di popolo fra altri popoli.

Per breve tempo, per un periodo di tempo davvero molto breve, si è formulata la prospettiva di un altro sistema di rapporti, più bilaterale, più paritario e meno teso, fra Israele e il «resto del mondo». Mentre invece in questi ultimi anni – a causa del senso di grave minaccia creato dall'intifada e dagli attentati, dell'ostilità con cui buona parte del mondo guarda a Israele e, non di rado, di un'ostilità nei confronti della sua stessa esistenza – a seguito dell'incremento dell'antisemitismo e della demonizzazione di Israele, gli israeliani si sono ritrovati di nuovo risucchiati nel gorgo tragico del giudaismo, nelle ferite della sua memoria più dolorose e paralizzanti. L'israelianità stessa, quella che aveva sempre avuto una propensione verso il futuro, in uno stato di perenne fermento carico di aspettative, negli ultimi anni si è andata contraendo, è stata riassorbita dagli aridi solchi del trauma e del dolore storico, e della memoria ebraica, dentro la quale è finito quasi tutto. Come conseguenza, ecco che sono prepotentemente tornate, per i «nuovi» israeliani, le ansie del destino ebraico, l'esperienza della persecuzione, del martirio, il senso di profonda solitudine e l'aspra sensazione di estraneità esistenziale del popolo ebraico fra gli altri popoli.

Una situazione di pace vera potrà avviare il processo di guarigione dell'israeliano ebreo da queste angosce e anomalie? E subito dopo bisogna chiedersi: tutte le altre componenti del mondo – cioè la cristianità e l'Islam, nonché le altre fedi e religioni, i paesi dove è presente l'antisemitismo, vuoi apertamente vuoi a livello subliminale – saranno capaci di guarire dalle deformazioni del loro atteggiamento verso Israele e l'ebraismo? Riusciranno a liberarsi, prima o poi, dal razzismo nei confronti dell'ebreo? Questo smisurato interrogativo lo lascio qui in sospeso, per voi. Quanto a me, non sono in grado di dare una risposta.

Si pone poi un'altra domanda, pesante come un macigno e anch'essa ancora in attesa di risposta: che cosa succederà veramente alla società israeliana, ora così spaccata e bipolare e disorganica al suo interno, quando sarà liberata dalla minaccia esterna che al momento la mette al riparo dai contrasti intestini, sottraendola a un confronto diretto con tali problemi?

A un osservatore esterno questa potrebbe sembrare una domanda bislacca, eppure aleggia nello spazio pubblico israeliano ormai da decenni, tanto che a volte la si sente quasi formulare ad alta voce: «La guerra con gli arabi ci salva da una guerra tra fratelli».

Non c'è dubbio che la rimozione della minaccia esterna che incombe su Israele creerà ampio spazio all'impegno sui pressanti problemi interni: certo, l'asprezza del confronto cruciale fra «destra» e «sinistra» sulla questione dei Territori occupati sbiadirà non poco, ma in quel momento affioreranno alla coscienza e alla realtà profondi divari sociali ed economici, i rapporti assai tesi fra ebrei laici e religiosi, e fra ebrei e arabi, fra i diversi ceppi d'immigrazione che non sembrano affatto capaci e nemmeno particolarmente desiderosi di provare a capirsi reciprocamente. E con ciò potrebbe anche uscire allo scoperto la fragilità di quella società tanto composita e variegata che si è formata in Israele. Potrebbe persino vacillare la tenuta democratica del paese, un concetto, quello di democrazia, che non pare poi così assodato per la maggioranza dei cittadini, vuoi perché sono arrivati in Israele da paesi che non l'avevano mai conosciuta, vuoi perché non se ne possono creare veramente le condizioni in uno Stato in cui, in un contesto di occupazione e repressione, vige un regime di polizia.

Ciononostante, solo un cinico inguaribile – o un pazzo – preferirebbe lo stato di guerra in cui Israele si trova da più di cent'anni a uno stato di pace, per quanto imperfetto. Quand'anche dovessero esplodere conflitti interni, scatenarsi demoni tenuti a lungo prigionieri dentro le loro bottiglie, sarebbero comunque i «nostri demoni»: materia dell'identità, componenti integranti e autentici dello Stato di Israele e della società israeliana. In un certo senso, per quanto dolorosi, i processi che prenderanno avvio saranno fondamentali nella costruzione dell'identità israeliana e dei suoi codici interiori, molto più dei fenomeni innescati dal conflitto con gli arabi.

Il fatto stesso che tali perplessità siano espresse apertamente e vengano prese in considerazione da non pochi individui testimonia del punto di desolazione e inaridimento cui si può arrivare a seguito di un'eccessiva esposizione alle venefiche radiazioni delle guerre.

«Qui, nell'ambita terra degli avi, realizzeremo tutte le nostre speranze» cantavano i nostri padri pionieri giunti in terra di Israele circa cent'anni fa. Oggi è ormai chiaro che prima di riuscire a realizzare anche solo una piccola parte di «tutte le nostre speranze» dovranno passare ancora molti anni. Sarà difficilissimo liberarsi dalle deformazioni della violenza e delle paure, così come a volte è difficile per un schiavo affrancarsi dai suoi vincoli, per un individuo liberarsi da un difetto intorno al quale si è costruita la sua personalità.

Perché, in fondo, la situazione in cui viviamo, qui in Israele, in Palestina, in Medio Oriente, è diventata per noi una specie di tara, nazionale e anche personale. Molti di noi si sono talmente abituati alle deformazioni che faticano a credere che esistano altre opportunità d'esistenza; altri, invece, si creano delle vere e proprie ideologie, politiche e religiose, pur di assicurare a se stessi la persistenza della situazione attuale.

Hegel ha detto che sono i malvagi a fare la storia. A me sembra che in Medio Oriente conosciamo bene anche il rovescio di questa medaglia, e cioè che una certa storia può rendere malvagi. Un'esistenza protrattasi in uno stato di ostilità, e il bisogno di comportarsi in modo rigido, diffidente, crudele e «marziale», a poco a poco uccidono qualcosa dentro di noi: tutto finisce per cristallizzarsi in una maschera mortuaria interiore sulla coscienza, sulla volontà, sulla lingua, su quella cosa così semplice e naturale che è la gioia di vivere.

Questi sono i veri rischi che Israele deve evitare il più rapidamente possibile. Israele ha bisogno di sperimentare una vita di pace, non solo perché questo è positivo per la sicurezza e l'economia, ma perché la nazione, in un certo senso, deve prendere coscienza di se stessa. Di tutto ciò che è racchiuso, ancora latente, nella sua essenza. Di quelle parti dell'identità, del carattere e delle prospettive esistenziali che sono state tenute al riparo in attesa che passi la bufera, che finisca la guerra; solo allora sarà consentito vivere una vita piena, in tutti i suoi aspetti, non solo in quella sua forma ridotta che è la sopravvivenza a ogni costo.

Elias Canetti spiega, in uno dei suoi saggi, che la sopravvivenza è di fatto una ripetitiva, monotona esperienza di morte. Una specie di esercizio di morte, di esorcizzazione della sua paura. A volte mi pare che il popolo dei sopravvissuti per eccellenza, cioè noi, gli ebrei, sia un popolo che si rivolge alla morte perlomeno con la stessa intensità e familiarità con cui si rivolge alla vita. Un popolo per il quale la morte è un interlocutore intimo e profondo, assiduo non meno della vita. Non mi riferisco a una versione romantica della morte, alla sua idealizzazione né tantomeno all'infatuazione per la morte (in figura di quegli spiriti che aleggiano, per esempio, nella Germania di fine Ottocento); intendo qualcosa di ben diverso e più profondo. Una consapevolezza primordiale, una consapevolezza disincantata che passa per il cordone ombelicale: la consapevolezza della concretezza e tangibilità e quotidianità e banalità della morte. La consapevolezza dell'insostenibile leggerezza della morte, la cui più mesta espressione ho sentito una volta in un'intervista a una coppia di israeliani alla vigilia del matrimonio. Alla coppia fu chiesto quanti figli avrebbero desiderato, e la giovane, dolce sposina rispose prontamente che ne avrebbero voluto tre «perché, se uno viene ucciso in guerra, ce ne restano altri due».

Non di rado, quando sento degli israeliani, anche molto giovani, parlare di se stessi, delle proprie paure, della mancanza di coraggio a immaginare un futuro migliore; non di rado, quando mi si svelano – nelle persone a me più vicine, e anche in me stesso – la forza della paura esistenziale e quella della memoria storica ebraica, con tutta la sua portata tragica, rabbrividisco di fronte alla gravità della tara che la storia ci ha inflitto, cioè la tremenda propensione a considerare la vita come una morte latente.

Entro una vita di pace stabile e duratura potrà anche darsi che questa tara e queste paure possano trovare una qualche guarigione. Se Israele farà la pace con i suoi vicini, avrà occasione di esprimere tutte le sue potenzialità e tutta la sua particolarità. Di riconoscere, in condizioni di normalità, quel che è capace di fare come popolo e come società. Di scoprire se ha la facoltà di creare, come Stato, una realtà intellettuale e materiale vivace, creativa, ispirata, compassionevole e umana. Di capire se la maggioranza ebraica è in grado di comportarsi in modo umano e paritario – e, dunque, anche fondamentalmente ebraico – verso la minoranza palestinese che vive al suo interno. Di vedere se gli ebrei israeliani sono capaci di liberarsi della metafora distruttiva, letale, in cui li hanno intrappolati gli altri popoli – nel loro vederli come l'eterno straniero, l'esule errante senza confini – e tornare a essere un «popolo in carne e ossa», non soltanto un simbolo o un concetto quasi astratto, non una parabola né uno stereotipo, non un ideale e nemmeno un demone. Un popolo nella sua terra, un popolo la cui patria è cinta da un confine sancito da un accordo internazionale a garanzia di sicurezza; un popolo che gode non solo di un senso di serena continuità, ma anche della preziosa esperienza della concretezza; e diventato, finalmente, «parte della vita» e non soltanto «una grande storia tratta dalla vita», come è da sempre.

Forse allora gli israeliani riusciranno ad assaporare il gusto di quel che ancora dopo cinquantanove anni di indipendenza non conoscono affatto: un'interiore e profonda sensazione di sicurezza, di «solidità dell'esistenza», come quella che si esprime in un modo semplice e commovente nella preghiera del Sabato: «E riposeremo nel nostro confine».

Vorrei concludere con una domanda, che ho già formulato in passato, nel mio libro *Vedi alla voce: amore*. È, di fatto, la frase che conclude il romanzo e che viene pronunciata nel momento in cui un gruppo di ebrei sopravvissuti nel ghetto di Varsavia scopre un trovatello, appena nato, e decide di allevarlo. Quegli ebrei, vecchi, stanchi e carichi di sofferenze, stanno intorno al bambino e sognano come vorrebbero che fosse la sua vita, immaginano che uomo diventerà, in che mondo potrà crescere. Dietro di loro, il mondo è un ammasso di macerie. Sangue e fuoco e volute di fumo. Eppure, loro elevano insieme una preghiera. Dicono così: «E noi tutti, insieme, facciamo questo voto: che viva tutta la sua vita fino alla fine senza saper nulla di cose di guerra ... Abbiamo chiesto così poco: che sia possibile che un uomo viva in questo mondo tutta la sua vita, dal principio alla fine, senza mai conoscere la guerra». Sarà possibile?

Il dovere di Israele è scegliere la pace
In ricordo di Yitzhak Rabin

La commemorazione di Yitzhak Rabin è un momento di pausa in cui ricordiamo l'uomo e il leader e riflettiamo anche su noi stessi. Quest'anno, per noi la riflessione non è facile. C'è stata una guerra. Israele ha messo in mostra una possente muscolatura militare dietro la quale ha però rivelato debolezza e fragilità. Abbiamo capito che la potenza militare in mano nostra non può, in fin dei conti, garantire da sola la nostra esistenza. E, soprattutto, abbiamo scoperto che Israele sta attraversando una crisi profonda, molto più profonda di quanto immaginassimo, una crisi che investe quasi tutti gli aspetti della nostra esistenza.

Parlo qui in veste di chi prova per questa terra un amore difficile e complicato, e tuttavia indiscutibile. Come chi ha visto trasformarsi in tragedia, in patto di sangue, il patto che aveva sempre mantenuto con essa. Io sono laico, eppure ai miei occhi la creazione e l'esistenza stessa di Israele sono una sorta di miracolo per il nostro popolo, un miracolo politico, nazionale e umano; e io non lo dimentico neppure per un istante. Anche quando molti episodi della nostra realtà suscitano in me indignazione e sconforto, anche quando il miracolo si frantuma in briciole di quotidianità, di miseria e di corruzione, anche quando la realtà appare una brutta parodia del miracolo, esso per me rimane tale. È questa la mia intima convinzione.

«Guarda, o terra, quanto abbiamo sprecato» scriveva il poeta Shaul Černichovskij nel 1938 lamentandosi del fatto che nel suolo della terra di Israele venivano sepolti ragazzi nel fiore degli anni. La morte di giovani è uno spreco terribile, lancinante. Ma non meno terribile è che Israele sprechi in modo criminale non solo le vite dei suoi figli, ma anche il miracolo di cui è stato protagonista, l'opportunità grande e rara offertagli dalla storia: quella di creare uno Stato illuminato, civile, democratico, governato da valori ebraici e universali. Uno Stato che sia dimora nazionale, rifugio, ma anche luogo che infonda un nuovo senso all'esistenza ebraica. Uno Stato in cui una parte importante e sostanziale della sua identità ebraica, della sua etica ebraica, sia mantenere rapporti di completa uguaglianza e di rispetto con i suoi cittadini non ebrei. E guardate cosa è successo.

Guardate cosa è successo a una nazione giovane, audace, piena di entusiasmo e di spirito. Guardate come, quasi in un processo di invecchiamento accelerato, Israele è passato da una fase di infanzia e di giovinezza a uno stato di costante lamentela, di fiacchezza, alla sensazione di aver perso un'occasione. Com'è successo? Quando abbiamo perso la speranza di poter vivere un giorno una vita diversa, migliore? E come possiamo oggi rimanere a guardare, ipnotizzati, il dilagare della follia, della rozzezza, della violenza e del razzismo in casa nostra?

Com'è possibile che un popolo dotato di energie creative e inventive come il nostro, che ha saputo risollevarsi più volte dalle ceneri, si ritrovi oggi, proprio quando possiede una forza militare tanto grande, in una situazione di inerzia e di impotenza? Una situazione in cui è nuovamente vittima, ma questa volta di se stesso, dei suoi timori, della sua disperazione e della sua miopia.

Uno degli aspetti più gravi messi in luce dalla guerra è che attualmente in Israele non esiste un leader; che la nostra dirigenza politica e militare è vuota di contenuto. E non mi riferisco agli evidenti errori commessi nella condotta bellica, o al fatto che la popolazione civile sia stata abbandonata a se stessa. Non mi riferisco nemmeno agli episodi di corruzione, grandi e piccoli, agli scandali, alle commissioni di inchiesta. Mi riferisco al fatto che chi ci governa oggi non è in grado di far sì che gli israeliani si rapportino alla loro identità, e tantomeno agli aspetti più sani, vitali e fecondi di essa; a quegli elementi di memoria storica che possano infondere in loro forza e speranza, che agiscano come anticorpi contro l'indebolimento, che li incoraggino ad assumersi responsabilità gli uni nei confronti degli altri e risveglino in loro un senso di appartenenza allo Stato, che diano un qualsiasi significato alla sconfortante ed estenuante lotta per l'esistenza.

La maggior parte dei leader odierni non è in grado di risvegliare negli israeliani un senso di continuità storica e culturale. O di appartenenza a uno schema di valori chiaro, coerente e consolidato nel tempo. I contenuti principali di cui l'odierna dirigenza israeliana riempie il guscio del suo governo sono la paura da un lato e la creazione di ansie dall'altro, il miraggio della forza, l'ammiccamento al raggiro, il misero commercio di tutto ciò che ci è più caro. In questo senso non sono dei leader. Certo non i leader di cui un popolo tanto disorientato e in una situazione tanto complessa come quella israeliana ha bisogno. Talvolta pare che l'eco del pensiero dei nostri leader, la loro memoria storica, i loro ideali, tutto quello che è ritengono veramente importante, non oltrepassi il minuscolo spazio esistente tra due titoli di giornale. O le pareti dell'ufficio del procuratore generale dello Stato. Osservate chi ci governa. Non tutti, naturalmente, ma troppi fra loro. Osservatene il modo di agire, spaventato, sospettoso, affannato; il comportamento viscido e intrigante. È addirittura ridicolo pensare che da loro possano venire parole di saggezza che esprimano un qualche ideale, o anche solo un'idea originale, creativa, audace, lungimirante. Quando è stata l'ultima volta che il primo ministro ha espresso un'idea o compiuto un passo in grado di spalancare un nuovo orizzonte agli israeliani? Di prospettare loro un futuro migliore? Quando mai ha intrapreso un'iniziativa sociale, culturale, morale, senza limitarsi a reagire scompostamente a iniziative altrui?

Signor primo ministro, non parlo spinto da un sentimento di rabbia o di vendetta. Ho aspettato abbastanza per non reagire mosso dall'impulso del momento. Lei non potrà ignorare le mie parole sostenendo che «non si giudica una persona nel momento della tragedia». È ovvio che sto vivendo una tragedia. Ma più che rabbia, io provo dolore. Provo dolore per questa terra, per quello che lei e i suoi colleghi state facendo. Mi creda, il suo successo è importante per me perché il futuro di noi tutti dipende dalla sua capacità di agire. Yitzhak Rabin aveva imboccato il cammino della pace non perché provasse grande simpatia per i palestinesi o per i loro leader. Anche allora, come ricordiamo, era opinione generale che non avessimo un partner e che non ci fosse nulla da discutere con i palestinesi. Rabin si risolse ad agire perché capì, con molta saggezza, che la società israeliana non avrebbe potuto resistere a lungo in uno stato di conflitto irrisolto. Capì, prima di molti altri, che la vita in un clima costante di violenza, di occupazione, di terrore, di ansia e di mancanza di speranza esigeva un prezzo che Israele non avrebbe potuto sostenere.

Tutto ciò è vero anche oggi, anzi è ancora più impellente. Da più di un secolo, ormai, viviamo in uno stato di conflitto. Noi, cittadini di questo conflitto, siamo nati nella guerra, siamo stati educati nella guerra e, in un certo senso, siamo stati programmati per la guerra. Forse per questo pensiamo talvolta che la follia in cui viviamo ormai da cent'anni sia l'unica, vera realtà, l'unica vita a noi destinata. E che non abbiamo la possibilità, o forse neppure il diritto, di aspirare a una vita diversa: vivremo e moriremo con la spada e combatteremo per l'eternità.

Forse è per questo che siamo così indifferenti

al totale ristagno del processo di pace. Forse è per questo che la maggior parte di noi ha accettato con indifferenza il rozzo calcio sferrato alla democrazia dalla nomina di Avigdor Lieberman a ministro, un potenziale piromane posto a capo del dipartimento responsabile di spegnere gli incendi. Questi sono anche, in parte, i motivi per cui, in tempi brevissimi, Israele è precipitato nell'insensibilità, nella crudeltà, nell'indifferenza verso i deboli, verso i poveri, verso chi soffre, verso chi ha fame, verso i vecchi, i malati, gli invalidi, il commercio di donne, lo sfruttamento e le condizioni di schiavitù in cui vivono i lavoratori stranieri e verso il razzismo radicato, istituzionale, nei confronti della minoranza araba. Quando tutto questo accade con totale naturalezza, senza suscitare scandali né proteste, io comincio a pensare che anche se la pace giungerà domani, anche se un giorno torneremo a una situazione di normalità, forse abbiamo già perso l'opportunità di guarire.

La tragedia che ha colpito me e la mia famiglia non mi concede privilegi nel dibattito politico, ma ho l'impressione che il dover affrontare la morte e la perdita di una persona cara comporti una certa lucidità e chiarezza di vedute, perlomeno per quanto riguarda la distinzione tra ciò che è importante e ciò che è secondario, tra ciò che è possibile ottenere e ciò che è impossibile. Tra la realtà e il miraggio.

Ogni persona di buon senso in Israele – e, aggiungo, anche in Palestina – sa esattamente quale sarà, a grandi linee, la soluzione del conflitto tra i due popoli. Ogni persona di buon senso è anche consapevole in cuor suo della differenza tra sogno e aspirazione e ciò che è possibile ottenere alla fine di un negoziato. Chi non lo sa, arabo o ebreo che sia, non è già più un possibile interlocutore, è prigioniero di un fanatismo cieco e sordo, e non è quindi un possibile partner. Consideriamo un attimo il nostro partner. I palestinesi hanno scelto come loro guida Hamas, che rifiuta di negoziare con noi e di riconoscerci. Cosa si può fare in una situazione simile? Cos'altro ci rimane da fare? Continuare a soffocarli? A uccidere centinaia di palestinesi a Gaza, per la maggior parte semplici cittadini come noi?

Si rivolga ai palestinesi, signor Olmert. Si rivolga a loro al di sopra delle teste di Hamas. Si appelli ai moderati, a chi si oppone, come lei e come me, a Hamas e alla sua strada. Si appelli al popolo palestinese. Non si ritragga dinanzi alla sua ferita profonda, riconosca la sua continua sofferenza. Lei non perderà nulla, e neppure Israele, in un futuro negoziato. Anzi, i cuori si apriranno un poco gli uni agli altri, e questa apertura racchiuderà in sé una forza enorme. In una situazione di immobilità e di ostilità, come quella attuale, la semplice compassione umana possiede la forza di un cataclisma naturale.

Per una volta guardi i palestinesi non attraverso il mirino di un fucile o da dietro le sbarre chiuse di un check point. Vedrà un popolo martoriato non meno di noi. Un popolo conquistato, oppresso e senza speranza. È ovvio che anche i palestinesi sono colpevoli del vicolo cieco in cui ci troviamo. È ovvio che anche loro sono ampiamente responsabili del fallimento del processo di pace. Ma li guardi un momento con occhi diversi. Non solo gli estremisti fra loro. Non solo chi ha stretto un patto di interesse con i nostri estremisti. Guardi la maggior parte di questo povero popolo il cui destino è legato al nostro, che lo si voglia o no.

Si rivolga ai palestinesi, signor Olmert. Non continui a cercare ragioni per non dialogare con loro. Ha rinunciato all'idea di un nuovo ritiro unilaterale, e ha fatto bene. Ma non lasci un vuoto che verrebbe immediatamente colmato dalla violenza e dalla distruzione. Intavoli un dialogo. Avanzi una proposta che i moderati (e, fra loro, sono più di quanto i media ci mostrino) non possano rifiutare. Lo faccia, in modo che i palestinesi possano decidere se accettarla o se rimanere ostaggi dell'Islam fanatico. Presenti loro il piano più coraggioso e serio che Israele è in grado di elaborare. La proposta che agli occhi di ogni israeliano e palestinese sensato contenga il massimo delle concessioni, nostre e loro. Non stia a discutere di bazzecole. Non c'è tempo. Se tentennerà, fra poco avremo nostalgia del dilettantismo del terrorismo palestinese. Ci batteremo il capo urlando: come abbiamo potuto non fare ricorso a tutta la nostra elasticità di pensiero, a tutta la creatività israeliana, per strappare i nostri nemici dalla trappola in cui si sono lasciati cadere?

Proprio come ci sono guerre combattute per mancanza di scelta, così c'è anche una pace che si rincorre per «mancanza di scelta». Non abbiamo scelta, né noi né loro. E dobbiamo aspirare a questa pace forzosa con la stessa determinazione e creatività con cui partiamo per una guerra forzosa. Perché non abbiamo scelta, e chi ritiene che ci sia, che il tempo giochi a nostro favore, non capisce i processi pericolosi in cui siamo già coinvolti.

E più in generale, signor primo ministro, forse dovremmo rammentarle che se un qualsiasi leader arabo invia segnali di pace – anche impercettibili e titubanti – lei ha il dovere morale di rispondere. Ha il dovere di verificare immediatamente l'onestà e la serietà di quel leader. Deve farlo per coloro ai quali chiede di sacrificare la vita nel caso scoppi una nuova guerra. E quindi, se il presidente Assad dice che la Siria vuole la pace – per quanto lei non gli creda e tutti noi nutriamo sospetti nei suoi confronti – deve offrirgli di incontrarlo subito. Senza aspettare nemmeno un giorno. In fondo, non ha aspettato nemmeno un'ora a dare inizio all'ultima guerra. Si è lanciato nell'offensiva con tutte le sue forze. Con tutte le armi a disposizione e tutta la loro potenza distruttiva. Allora perché, quando c'è un segnale di pace, lei si affretta a respingerlo, a lasciarlo svanire? Cos'ha da perdere? Nutre forse dei sospetti nei confronti del presidente siriano? Allora gli presenti delle condizioni tali da rivelare la sua macchinazione. Gli proponga un processo di pace che duri qualche anno e alla fine del quale, se tutte le condizioni e le restrizioni verranno rispettate, gli verranno restituite le alture del Golan. Lo costringa al dialogo. Agisca in modo che nella coscienza del popolo siriano si delinei anche questa possibilità. Dia una mano ai moderati, che sicuramente esistono anche lassù. Cerchi di plasmare la realtà, non di esserne solo un collaborazionista. È stato eletto per questo. Esattamente per questo.

In conclusione, è ovvio che non tutto dipende

da noi e ci sono forze grandi e potenti che agiscono in questa regione e nel mondo, e alcune di loro – come l'Iran e come l'Islam radicale – non hanno buone intenzioni nei nostri confronti. Eppure, molto dipende da come agiremo noi, da ciò che saremo. Oggi non esiste una netta differenza tra la sinistra e la destra. La stragrande maggioranza degli israeliani capisce ormai – per quanto alcuni senza troppo entusiasmo – quale sarà a grandi linee la soluzione del conflitto: questa terra verrà divisa, sorgerà uno Stato palestinese. Perché, quindi, continuare a sfibrarci in una querelle intestina che dura da quasi quarant'anni? Perché la dirigenza politica continua a rispecchiare le posizioni dei radicali e non quelle della maggior parte degli elettori? Dopotutto la nostra situazione sarebbe migliore se raggiungessimo un'intesa nazionale prima che le circostanze – pressioni esterne, una nuova intifada o una nuova guerra – ci costringano a farlo. Se lo faremo, risparmieremo anni di versamenti di sangue e di spreco di vite umane. Anni di terribili errori.

Mi appello a tutti, ai reduci dalla guerra che sanno che dovranno pagare il prezzo del prossimo scontro armato, ai sostenitori della destra, della sinistra, ai religiosi e ai laici: fermatevi un momento, guardate l'orlo del baratro, pensate a quanto siamo vicini a perdere quello che abbiamo creato. Domandatevi se non sia arrivata l'ora di scuoterci dalla paralisi, di fare una distinzione tra ciò che è possibile ottenere e ciò che non lo è, di esigere da noi stessi, finalmente, la vita che meritiamo di vivere.

Conoscere l'altro dall'interno, ovvero la voglia di essere Gisele, conferenza al Congresso nazionale dei bibliotecari, Tel Aviv, gennaio 2006.

L'arte di scrivere nelle tenebre della guerra, conferenza al Pen Club, New York, 29 aprile 2007.

Meditazioni su una pace che sfugge, intervento al simposio del Circolo Lévinas, Parigi, 5 dicembre 2004.

Il dovere di Israele è scegliere la pace, discorso pronunciato alla commemorazione di Yitzhak Rabin, Gerusalemme, 4 novembre 2006.

Dello stesso autore
in edizione Mondadori

Vedi alla voce: amore
Il libro della grammatica interiore
Il sorriso dell'agnello
Ci sono bambini a zigzag
Che tu sia per me il coltello
Qualcuno con cui correre
Col corpo capisco

Il vento giallo
Un popolo invisibile: i palestinesi di Israele
La guerra che non si può vincere